¿Me explico?

¿ME EXPLICO?

SECRETOS DE LOS MEJORES COMUNICADORES DEL MUNDO

TERRY FELBER

GRUPO NELSON
Una división de Thomas Nelson Publishers
Desde 1798

NASHVILLE   DALLAS   MÉXICO DF.   RÍO DE JANEIRO

Editora General: *Graciela Lelli*
Traducción: *Redactores en red*
Adaptación del diseño al español: *Grupo Nivel Uno, Inc.*

ISBN: 978-1-60255-784-0

Impreso en Estados Unidos de América

12 13 14 15 16 BTY 9 8 7 6 5 4 3 2

Este libro es dedicado a mi mejor amiga,
mi esposa Linda, que con su amor y estímulo
me enseñó a ser útil a los demás
mediante palabras consideradas.

Agradecimientos

Ante todo quiero agradecer a mi amigo John Bolin, que colaboró conmigo en la escritura e investigación de este libro. Mientras trabajamos juntos, fue un gran practicante de los principios de la comunicación resaltados aquí. También quiero retribuir a mis amigos Bill Hawkins y Paul Tsika por sus valiosos aportes. Hay un dicho antiguo: «Ninguna idea es original». Sin duda, aprendí los axiomas de la comunicación eficaz que esbocé en este libro con las grandes personas que Dios puso en mi camino. Y estoy agradecido a todas ellas.

CONTENIDO

Prólogo

M i esposa Linda y yo recordamos que, mientras crecíamos, pensábamos en nuestro deseo de llevar «una vida con significado». No queríamos llegar al final de nuestros caminos, recordar el pasado y arrepentirnos de lo que podría haber sido. No teníamos la intención de que nuestro paso por esta vida fuera simplemente existir o trabajar todo el tiempo. Ron Puryear, mentor para miles en nuestra profesión, lo llama «una vida sin arrepentimientos».

Nos resultó evidente que, si íbamos a destacarnos, sería mediante nuestras relaciones con los demás. Aprendimos que muchos de nuestros logros en la vida se basan en nuestra habilidad para conectarnos con las personas de una manera verdadera. Llegamos a comprender que las *dotes comunicativas* son la clave de nuestro éxito en este aspecto.

Gracias a Dios nos asociamos con un grupo empresarial, Alticor, cuyos dueños eran las familias multimillonarias DeVos y Van Andel. Durante los últimos veinticinco años, este medio comercial nos permitió a Linda y a mí interactuar con cientos de miles de personas, ya sea mediante presentaciones en estadios deportivos o relaciones individuales. Nuestras vidas se enriquecieron de forma maravillosa gracias a las miles de amistades que se forjaron como consecuencia.

Los siguientes pasajes pertenecen a una carta que recibí poco tiempo atrás:

Te escribo para agradecerte por la diferencia que marcaste en mi vida. No te conté demasiado sobre mi pasado. Mientras crecía, los chicos que me rodeaban se burlaban mucho de mi aspecto y mi falta de atractivo. Nunca tuve ningún amigo, por lo que me encerré en mí mismo. Mis padres lucharon todo el tiempo y me criticaron constantemente. Durante la adolescencia, pensaba a menudo en el suicidio. Nada mejoró al acercarme a los treinta años.

Entonces los conocí, a ti y a Linda. Me hablaron como si realmente les importara. Me alentaron a hacer más con mi vida y me dijeron que creían en mí. Nadie me habló así nunca. Fue como salir de un lugar oscuro para encaminarme en dirección a la luz.

Hoy creo que puedo hacer cosas muy valiosas gracias a su amistad. Estaré agradecido por siempre…

Todos contamos con la habilidad para distinguirnos mediante nuestras palabras afables y nuestro discurso inspirador. Linda y yo hemos tenido grandes amigos y mentores en nuestra vida, como Theron Nelsen, Ron Puryear, Bill Britt y nuestro pastor, Ted Haggard, quienes nos dieron las herramientas que nos ayudaron a ser capaces de desarrollar amistades significativas con éxito. Este libro comparte contigo esas dotes comunicativas con la esperanza de que, por medio de tus relaciones exitosas, también puedas tener *una vida sin arrepentimientos*.

CAPÍTULO UNO

El arte de la comunicación

En nuestros esfuerzos por lograr un trabajo signifi-
cativo y relaciones plenas, no debe haber nada más
importante que aprender la práctica del arte de la
comunicación.

—MAX DE PREE, *El liderazgo es un arte*

Muchos piensan que Abraham Lincoln fue el mejor presidente estadounidense. A Winston Churchill se lo consideró el estadista inglés más inspirador de la historia. A Johannes Gutenberg se lo designó uno de los personajes más influyentes del último milenio. Y a la Madre Teresa se la reconoce en todo el mundo como una persona humanitaria destacada.

¿Qué hizo que la vida de esos individuos fuera tan distinta? ¿Qué tenían esas personas que las distinguía? No hay dudas de que se trata de una combinación de muchos factores entre los que se incluye la pasión, la determinación, la fe, las circunstancias y una actitud positiva.

Sin embargo, hay algo más —«algo» que es raro pero está disponible para todos en la Tierra— que logró convertir a un abogado desgarbado en un líder mundial, que transformó a un adolescente tartamudo en un catalizador de la paz aliada, que permitió que un simple periodista modificara la manera en que piensa el mundo y que ayudó a una mujer debilucha a llevar esperanza a miles de individuos.

Ese «algo» especial es el perdido arte de la comunicación.

Es más que el mero acto de hablarle a otra persona. El arte de la comunicación es la danza que bailamos con otros. Incluye nuestras palabras, acciones e intenciones. Es una dinámica recíproca que se basa en nuestra atenta observación e interpretación de otra persona con el fin de decidir nuestro paso siguiente. Todos los individuos mencionados anteriormente se involucraron en esa danza y, por hacerlo, fueron capaces de brindar al mundo sus asombrosos dones.

Hoy vive una nueva generación de personalidades capaces de cambiar al mundo. Cada uno de nosotros, incluso tú y yo, fuimos depositados en la Tierra con una serie de talentos y un entendimiento especiales que pueden beneficiar a los seres humanos. No te contentes con dejar pasar tus mejores años con pensamientos sin rumbo acerca de lo que la vida «podría haber sido». ¡Apodérate de tu destino!

Si solo pudiéramos comunicar bien las ideas, nuestro mundo mejoraría considerablemente: nuestros trabajos se volverían más gratificantes, nuestras cuentas bancarias crecerían, nuestros matrimonios serían más felices, nuestras familias serían más sanas, nuestras mentes se agudizarían y, en general, tendríamos una calidad de vida más rica.

Mientras lees este libro, te invito a inscribirte en la «Escuela de la comunicación». Mientras decides no solo estudiar estos principios sino también ponerlos realmente en práctica, te garantizo que tu vida mejorará.

Eres un buen candidato si:

- eres un padre que valorara mantener conversaciones más significativas con su hijo adolescente.

- eres una esposa que disfrutara contar con más tiempo y atención por parte de su cónyuge.
- eres un vendedor que desea cerrar el próximo trato.
- eres un marido que deseara recibir más afecto y tener más entusiasmo en su matrimonio.
- eres un estudiante que ansía tener posibilidades laborales después de la graduación.
- eres un empleador que desea terminar con la renovación de personal.
- ¡quieres ser la persona que Dios quiso!

Este libro te enseñará la importancia de lo que dices y de la manera en que lo dices. Si adoptas y pones en práctica las habilidades que se explican en él, tu vida cambiará. Las posibilidades de alcanzar tu potencial serán ilimitadas. No solo contarás con ideas que podrán transformar el mundo, sino que también tendrás la habilidad para comunicarlas.

Todos hemos apreciado los resultados de la comunicación deficiente o imprecisa:

- instrucciones escasas: un examen reprobado
- mala postura: una oportunidad de trabajo desperdiciada
- mala comprensión: una oferta de venta rechazada

Me encanta esta historia real del golfista profesional Tommy Bolt que, mientras jugaba en Los Ángeles, tenía un *caddie* con fama de parlanchín. Antes de dar el primer golpe, Bolt le dijo: «No pronuncies una sola palabra. Si te pregunto algo, solo contesta "sí" o "no"». Durante el partido, Bolt encontró la pelota junto a un árbol. Estaba a punto de tener que pegarle debajo de una rama y hacerla pasar sobre un lago para colocarla en el *green*. Se arrodilló y miró entre los árboles para medir el tiro.

—¿Qué te parece? —le preguntó al *caddie*—. ¿Hierro cinco?

—No, señor Bolt —contestó el *caddie*.

—¿Qué quieres decir? ¿Un hierro cinco no? —bufó Bolt.

El *caddie* puso los ojos en blanco.

—Nooo, señor Bolt.

De todos modos, Bolt hizo el tiro con el palo de hierro cinco y la pelota se detuvo a casi dos pies (sesenta centímetros) del hoyo. Se volvió en dirección al *caddie*, le entregó el palo y le dijo:

—¿Qué te parece eso? Ya puedes hablar.

—Señor Bolt —respondió—, esa no era su pelota.[1]

A veces, la vida parece operar de esta manera, ¿no es cierto? Las fallas en la comunicación son demasiado habituales. La primera razón por la que las familias luchan es por la comunicación deficiente. El periódico *USA Today* publicó hace poco los resultados esclarecedores de un estudio sobre los adolescentes y el estrés. Cuando a los adolescentes entrevistados se les preguntó a quién acudían en momentos de crisis, la elección más frecuente fue la música, en segundo lugar estuvieron los compañeros y, en tercero, la televisión. Aunque parezca mentira, las madres ocupaban el número treinta y uno de la lista y los padres, el número cuarenta y ocho.[2] Es evidente que estos adolescentes tienen poca habilidad para conectarse con sus padres de manera significativa.

Según otra encuesta, las parejas casadas no tienen de qué hablar después de solo ocho años de matrimonio. El profesor Hans Jurgens les preguntó a cinco mil esposas y esposos alemanes con qué frecuencia conversaban con su cónyuge. Al cabo de dos años de matrimonio, la mayoría mantenía dos o tres minutos de charla durante el desayuno, veinte minutos durante la cena y unos pocos minutos más en la cama. Para el sexto año, eso se reducía a diez minutos diarios. Después de ocho años, se llegaba a un estado de «silencio casi total».[3]

Se cuenta que una mujer acudió a un abogado porque quería divorciarse. El abogado le preguntó:

—¿Tiene algún móvil?

La mujer contestó:

—Sí, ya le dejé el número a su secretaria.

—No, señora, no comprende. Quiero saber si tuvieron alguna riña.

Ella dijo:

—No, tuvimos tres niños.

El abogado volvió a intentarlo.

—Tal vez no sea suficientemente explícito. ¿Es su marido partidario de la violencia?

La mujer respondió:

—No, mi marido es apolítico.

Para ese momento, el abogado se sentía frustrado. Así que le dijo:

—Lo que necesito saber, señora, es por qué desea divorciarse.

—Ah —exclamó— es muy simple. Mi marido no sabe comunicarse.[4]

Otras encuestas nos indican que más del ochenta por ciento de los problemas que las personas afrontan en el trabajo se relacionan con una falla en la comunicación. Piénsalo: Si solo pudiéramos descubrir el secreto de la comunicación eficaz, evitaríamos el ochenta por ciento de los enfrentamientos que se dan en nuestra vida profesional.

En el siglo veintiuno impera la tecnología. Hoy hay más medios de comunicación que antes y son más rápidos que nunca. Es posible enviar correos electrónicos al otro lado del mundo en segundos. Podemos llamar por teléfono a nuestros amigos desde la cima de una montaña. Mediante el video, podemos conectarnos en vivo con personas que están a miles de kilómetros de distancia. Sin embargo, el abismo que existe entre nuestra situación actual y nuestras oportunidades futuras parece crecer más y más. A pesar de esas asombrosas herramientas comunicativas, no aprendimos el *arte de la comunicación*.

Mi esperanza es que este libro construya un puente entre el punto donde te encuentras hoy y el lugar en el que quieres estar. Al leerlo, observarás PUNTOS SOBRESALIENTES destacados en cada capítulo. Estos son «gotitas» específicas de información que se pueden aplicar en tu arsenal de comunicación para obtener resultados inmediatos. Te sugiero resaltar esos puntos y practicarlos en las situaciones cotidianas.

CAPÍTULO DOS

EL ARTE DEL LENGUAJE
NO HABLADO

Hay cuatro maneras, y solo cuatro maneras, en las que establecemos contacto con el mundo. Somos evaluados y clasificados según estos cuatro contactos: lo que hacemos, cómo nos vemos, lo que decimos y cómo lo decimos.

—Dale Carnegie

Cuando estudiamos comunicación solemos pensar en función de palabras y frases. En efecto, muchas veces no se trata de lo que decimos con palabras sino de lo que expresamos con el rostro, los ojos y el cuerpo lo que produce un mayor impacto en quien nos escucha. Saber cómo se articulan y usan las palabras es un arma poderosa en la negociación de tus sueños. Pero el dominio de las acciones no verbales en conjunto con tus palabras te hará imparable.

A Demóstenes, el famoso orador romano, se le preguntó: «¿Cuál es la primera parte de la oratoria?»

«La acción», contestó. Cuando se le preguntó cuál era la segunda, su respuesta fue la misma: «La acción».[1] La verdad es que las personas tienden a creer en las acciones más que en las palabras. Es posible que hayas escuchado a alguien decir: «Sus acciones hablaron por sí solas, no pude escuchar lo que dijo». Es cierto: Las acciones valen más que las palabras.

Prudence Leith, proveedora de *catering* y dueña de un restaurante, cuenta su historia en su libro titulado *Pardon Me, but You're Eating My Doily* [Disculpa, pero estás comiéndote mi mantel]. «Mi desastre preferido es la historia real de una pareja que se fue de vacaciones al Lejano Oriente. Además de su propia cena, querían ordenar comida para su perro caniche, al que habían llevado en el viaje. Señalaron al perro y utilizaron señales internacionales que indicaban comida. El mesero asintió y se llevó al perro en dirección a la cocina… regresó media hora después con una fuente con el caniche asado».

Esta historia, trágica como es, ilustra la importancia que tiene la claridad en la comunicación. Como descubrirás, la comunicación es tanto *la manera* en que lo dices como *lo que* dices. En la anécdota anterior, la pareja usó la comunicación no verbal de manera deliberada para hacerse entender, aunque sin resultado alguno. En la comunicación que mantenemos a diario con nuestra familia, nuestros amigos y las relaciones laborales, todo el tiempo transmitimos mensajes no verbales de forma inconsciente.

En realidad, se ha dicho que somos incapaces de *no* comunicarnos. Eso significa que siempre estamos comunicándonos, sea que lo intentemos deliberadamente o no. El hecho de que no estemos hablando, no significa que no nos estemos comunicando. Según algunos estudios recientes, solo transmitimos un ocho por ciento de lo que tratamos de decir por medio de las palabras y tanto como un noventa por ciento mediante las acciones o las actividades no verbales. Piensa en esto:

Sonreímos por placer.
Guiñamos el ojo para insinuar intimidad.
Ponemos mala cara cuando nos indignamos.
Nos erguimos cuando sentimos confianza.

> Nos encogemos ante el temor.
> Señalamos al acusar.
> Nos desplomamos ante la frustración.
> Asentimos con la cabeza para aprobar.
> Negamos con la cabeza cuando nos sentimos consternados.
> Arqueamos las cejas por incredulidad.
> Fruncimos el ceño como muestra de desaprobación.

La comunicación no verbal es lo que «decimos» sin usar palabras. Es la expresión de nuestro rostro, nuestro lenguaje corporal, nuestra postura. También puede incluir la manera en que usamos la ropa o el silencio que guardamos. Tomémonos un momento para explorar de qué manera específica podemos aprovechar el poder de la comunicación no verbal para convertirnos en una persona influyente.

> *El rostro es el espejo de la mente, y los ojos confiesan en silencio los secretos del corazón.*
>
> —San Jerónimo (324–420 a.d.)

LA EXPRESIÓN FACIAL

Si el rostro es el espejo de la mente, entonces haremos bien en aprender a leer los mensajes que nos envían los rostros de aquellos con quienes nos comunicamos. ¿Alguna vez mantuviste una conversación con alguien, le repetiste las palabras que utilizó y te dijo: «Es probable que eso haya sido lo que dije, pero no es lo que quise decir»? A lo largo de la historia, hemos tratado de leer la mente de los demás. Tanto los quirománticos como los hipnotizadores, los siquiatras e incluso las pruebas con detectores de mentiras tuvieron la intención de leer la mente. ¡En realidad, el mejor método para determinar qué piensa una persona, sin que en verdad lo diga, es observar su rostro! La expresión facial comunica más acerca de nuestro pensamiento que cualquier otra cosa, incluso las palabras. Nuestra expresión facial, «el espejo de la mente», está compuesta por las sonrisas, los ojos y el semblante en general.

PUNTO SOBRESALIENTE
La sonrisa es contagiosa. Llévala.

Si no usas tu sonrisa, eres como un hombre que posee un millón de dólares en el banco pero que no tiene chequera.

—LES GIBLIN

Una sonrisa encantadora vale más que el oro. Tu sonrisa puede hacerte ganar millones, salvar tu matrimonio o cambiar una nación. Una sonrisa comunica aprobación, amor, agradecimiento e inocencia. Además, se necesitan sesenta y dos músculos para fruncir el ceño y solo veintiséis para sonreír.[2] Una sonrisa de oreja a oreja es uno de los atractivos más importantes que puedes pedir. Es tu manera de decirle al mundo que te sientes agradecido por estar vivo. La sonrisa encuentra la manera de atraer a las personas, hacerlas sentirse cómodas y conquistarlas.

Un constante ceño fruncido logra el efecto contrario. Algunas personas transitan la vida con el ceño perpetuamente encogido y no comprenden por qué no logran prosperar. La próxima vez que veas a alguien que no progresa en la vida, observa su rostro. Es muy probable que este «desafortunado» tenga asuntos sin resolver y que haya decidido hacerse problema por todo. Anda por la vida con el ceño fruncido y luce como si se hubiera tragado un pepinillo encurtido.

La dirección del Holiday Inn comprende el valor que tiene una gran sonrisa. Cuando buscaban quinientas personas para cubrir vacantes en un nuevo centro, entrevistaron a cinco mil candidatos. Los gerentes encargados de realizar las entrevistas rechazaron a todos los aspirantes que sonrieron menos de cuatro veces durante el transcurso de la cita. ¡Vale la pena sonreír!

Nuestra sonrisa no solo es importante en el ámbito de los negocios. La mayoría de los hombres recordamos la primera vez que descubrimos el poder que tiene una sonrisa. Éramos muchachos que cursaban los primeros años de la escuela secundaria. Una muchacha solo debía sonreírnos para que estuviéramos listos para casarnos. ¡No hay nada más atractivo que una gran sonrisa! Todo lo que mi esposa Linda debe hacer es sonreírme y me convierto en masilla en sus manos.

Si no eres la clase de individuo que sonríe con regularidad, aprende a hacerlo. Si es necesario, practica. Es probable que esto luzca un poco raro, pero valdrá la pena. Ponte de pie frente al espejo y ensaya la sonrisa más grande y atractiva que puedas hacer. Luego pruébala con tu jefe, tus compañeros de trabajo y tu familia. Los resultados te sorprenderán.

PUNTO SOBRESALIENTE
Aprende el lenguaje de los ojos.

—El animal siempre mirará a la persona directamente a los ojos para conocer sus intenciones.

—H. POWERS

Los ojos son las ventanas del alma. ¿Alguna vez notaste que es posible ver a través de los ojos de una persona? De esta manera se nos creó. Nuestros ojos son herramientas de comunicación poderosas.

Los ojos brillan por entusiasmo; se enrojecen y deshacen por tristeza y fulminan con hostilidad. Víctor Hugo declaró en una oportunidad: «Cuando una mujer te habla, escucha lo que dicen sus ojos». Steve Rubenstein lo dijo de esta manera: «Las mujeres hablan dos idiomas y uno es verbal». Esto es cierto. Y lo es tanto en los hombres como en las mujeres. Gracias a los ojos podemos entablar una conversación, conectarnos o aislarnos. Cualquier orador puede contarte qué valor tiene la «conexión» que se establece por medio de la mirada.

Aunque es importante lograr contacto visual, también es indispensable saber leer las expresiones de los demás durante una conversación. Recuerdo haberlo aprendido a partir de mis errores. Un par de horas después de que mi esposa Linda diera a luz a nuestro hijo David, ingresé a la sala de recuperación para «ponerla al corriente» de un tema laboral. Linda y yo somos socios; por lo tanto, siempre trabajamos juntos para asegurarnos que nuestro negocio marcha sobre ruedas. Y como soy un esposo muy respetuoso, consideré darle un par de horas de descanso antes de molestarla con problemas de trabajo. Todavía puedo recordar su mirada cuando atravesé la puerta de la sala del hospital con una gran cantidad de papeles. Era una mirada que todas las mujeres deben de aprender de sus madres. Aún conservo la marca de la quemadura en las mejillas. Mientras salía, me hicieron recordar cuán expresiva puede ser una mirada.

> **Punto sobresaliente**
> Mira a las personas a los ojos.

Muchos debemos acordarnos de nuestros padres cuando nos decían: «Mira a las personas a los ojos». ¿Alguna vez conociste a alguien que no lo hiciera? Ya sabes, la clase de persona que mueve los ojos de un lado a otro simplemente para evitar el contacto. Ese tipo de comportamiento suscita desconfianza. ¿Alguna vez saludaste a alguien cuyos ojos se dirigieron al suelo mientras decía hola? Ese comportamiento transmite una imagen negativa de uno mismo.

Cuando en verdad quieras conectarte con los demás, haz un esfuerzo consciente por mirarles a los ojos. Ahora, no hay nada de malo en parpadear de vez en cuando; no deseas que el otro se sienta incómodo. Pero es importante comunicar interés y respeto con habilidad por medio del contacto visual normal.

Más adelante hablaré sobre la importancia de escuchar. Ten presente que la comunicación no verbal siempre es una interacción recíproca. Eso significa que la manera en que «escuchas» con los ojos es tan importante como la forma en que «hablas» con ellos. El contacto visual denota interés, aprecio e intimidad. Cuando se evita el contacto visual, se transmite apatía, incomodidad o desacuerdo. Asegúrate de comunicarte correctamente con los ojos. Si no estás acostumbrado a mirar a las personas a los ojos, es posible que eso represente un desafío para ti. Pero si pones empeño, ¡obtendrás los beneficios de la gran comunicación!

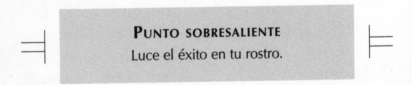

PUNTO SOBRESALIENTE
Luce el éxito en tu rostro.

Nuestros rostros tienen miles de músculos. Estos son capaces de transmitir miles de emociones, sentimientos y actitudes diferentes. Decídete a lucir expresiones positivas en el rostro.

¿Recuerdas a tu madre cuando te decía que si siempre ponías «mala» cara, esta se te quedaría así? Bueno, ¡estaba en lo cierto! En verdad, los músculos y los tejidos del rostro tienen memoria y la expresión que usas la mayor parte del tiempo permanece contigo. Algunos individuos portan una expresión crónica que manifiesta: «La vida me jugó una mala partida», mientras otros tienen un semblante que transmite: «Siento alegría a diario». Estos últimos son la clase de personas de las que nos gusta rodearnos y a las que queremos parecernos.

EL LENGUAJE CORPORAL

Lo que hacemos con el cuerpo durante una conversación dice mucho acerca de nosotros. Sin que tengamos la intención, muchas veces expresamos con el cuerpo algo completamente distinto de lo que decimos mediante las palabras. El sicólogo Albert Mehrabian declaró: «El siete por ciento del mensaje de un orador proviene de sus palabras, el treinta y ocho por ciento corresponde a su título o posición y el cincuenta y cinco por ciento deriva del "lenguaje corporal"».[3] Es evidente que nuestros cuerpos tienen una habilidad sorprendente para comunicar aquello que nuestras mentes intentan decir. Es más, en ocasiones el cuerpo puede comunicar lo que nuestras bocas no son capaces de decir.

Después de más de veinticinco años de matrimonio, mi esposa Linda y yo desarrollamos una vasta colección de señales no verbales. Puedo mirar desde el otro lado de la habitación y mantener una conversación completa con ella sin haber dicho una sola palabra. Puedo sentarme a su lado en una cena con amigos e interactuar con ella por debajo de la mesa. (¡Tengo moretones en las piernas que dan cuenta de ello!)

PUNTO SOBRESALIENTE
Ponte directamente de frente a los demás.

Si quieres que en una relación se forje la confianza, asegúrate de usar el lenguaje corporal adecuado. Cuando hables con una persona, ponte directamente de frente a ella —nariz con nariz y pies con pies— en vez de hacerlo de costado. Si actuaras de esta última manera, parecería que le «haces el vacío». Si tratas con otras culturas, ten en cuenta que la distancia que se considera apropiada varía según el lugar en el que te encuentres. Por ejemplo, si estás en un país europeo, el espacio personal que se considera educado es de por lo menos dos pies (unos sesenta centímetros) mientras que, en muchos países asiáticos, un pie (treinta centímetros) o menos no es poco común.

Es posible evaluar con claridad el poder del lenguaje corporal por medio de la siguiente prueba: Ponte de pie frente a un grupo de personas y di: «Mírenme y hagan lo que les digo. Formen un círculo con el pulgar y el índice, de esta manera. Ahora apoyen el círculo en su *mentón*». (Mientras das esta explicación, apoya el círculo en tu *mejilla*.) Muchos apoyarán el círculo en la mejilla en vez de hacerlo en el mentón. Eso demuestra que siguieron tu lenguaje corporal en vez de tus palabras.

> **Punto sobresaliente**
> Una postura adecuada irradia
> una buena autoestima.

Una postura adecuada no solo es importante para tener una buena salud; también puede ser la clave para conseguir tu siguiente trabajo, venta o cita. Durante décadas, los médicos nos han repetido cuán importante es tener una buena postura y ahora estamos empezando a ver los resultados. Las personas que se esfuerzan de manera consciente por pararse derechas, caminar con parsimonia y tener la cabeza bien erguida, en realidad acaban por tener menos problemas médicos en las articulaciones, los huesos y los músculos. Es mucho más que un buen negocio, ¡se trata de tener buena salud!

Y no subestimemos el poder de una buena postura en los negocios. El fundador de la empresa Ralston Purina, William Danforth, solía decir: «Cuando un hombre se sienta de la manera correcta, creo que piensa en forma correcta».[4] Cuando alguien luce desgarbado, comunica falta de confianza en sí mismo. Las personas altas suelen encorvarse para compensar por su altura. Ten confianza en ti mismo. Párate erguido y con firmeza. La manera en que nuestros cuerpos reflejan lo que pensamos y, por consiguiente, la forma en que vivimos es sorprendente. Esta es una buena forma de «probar la postura»: Ponte de pie contra una pared plana y observa qué porción de tu cuerpo está en contacto con ella. Estás en buen estado si tus hombros, tus nalgas y tus talones tocan la pared.

Decídete a hacer lo necesario para adoptar una buena postura. Durante los próximos días, concéntrate en ponerte derecho y levantar el mentón, inclina la cabeza hacia atrás y mete el abdomen. Unos pocos ejercicios simples durante la mañana harán maravillas por tu postura.

PUNTO SOBRESALIENTE
Adopta un apretón de manos cautivador.

Una de las mejores cosas que puedes hacer para mejorar tu lenguaje corporal es adoptar un apretón de manos cautivador. Es importante que no estreches las manos de manera muy débil ni muy fuerte. Un apretón de manos débil indica falta de confianza, mientras que uno semejante a una tenaza implica arrogancia o baja autoestima.

Recuerdo cuando le enseñé a mi hijo David, que tenía seis años, a saludar a alguien por primera vez. Practicamos cómo estrechar las manos mirando al otro a los ojos y manteniendo una postura erguida. La primera vez que lo intentamos, David entró a la habitación arrastrando los pies y con la cabeza gacha y extendió la mano débilmente para estrechar la mía. Sentí que sostenía un pescado muerto. Le expliqué que debía estrechar la mano con firmeza. Me tomó la mano y la apretó con toda su fuerza hasta que me puso de rodillas. Entonces le sugerí que debía encontrar un punto medio. Haz lo que hicimos con David y practica cómo mirar a las personas a los ojos mientras estrechas sus manos.

Observa las dimensiones no verbales de tu comunicación y aplica los principios que explicamos en este capítulo. Tu habilidad para interactuar y conectarte con éxito con los demás mejorará notablemente. Del mismo modo, te ayudará a desarrollar relaciones más gratificantes.

CAPÍTULO TRES

EL ARTE DE LA APARIENCIA

Pese a cómo te sientas en tu interior, trata siempre de parecer ganador.

—ARTHUR ASHE

La primera razón por la que una persona compra un libro es por el título; la segunda son las ilustraciones de la cubierta; la tercera es el nombre del autor y, en un lugar cercano al final de la lista, aparece el contenido real del libro. Todos hemos escuchado la expresión «las apariencias engañan» y, hasta cierto punto, es probable que coincidamos. Pero, en efecto, juzgamos por las apariencias. Por supuesto, podemos descubrir una gran obra literaria bajo una cubierta ajada o resultar engañados al comprar un texto de calidad inferior solo por las ilustraciones de la tapa. Pero, al fin y al cabo, la mayoría decide comprar por la cubierta del libro.

Lo mismo sucede con las personas. Casi siempre las «juzgamos» por nuestra primera impresión. Emily Post lo dijo de este modo: «La ropa significa para nosotros lo mismo que la piel y las plumas para las bestias y las aves; no solo suman a nuestra apariencia sino que son nuestra apariencia. La primera impresión que damos depende en buena parte de lo que usamos, incluso de nuestra expresión facial. A los modales y al discurso se les presta atención luego, y al carácter se lo percibe en último lugar».[1]

De acuerdo, esas primeras impresiones pueden resultar ser indicadores poco precisos. Sin embargo, no hay dudas de que tomamos ciertas decisiones según las primeras impresiones que recibimos de las personas. Por ejemplo, si alguien ingresa a tu oficina con ropa mal confeccionada, despeinado y con evidentes muestras de necesitar una ducha, es probable que hagas conjeturas sobre esa persona. Tal vez pienses que no sabe de etiqueta ejecutiva o, peor aún, que no tiene una buena autoestima.

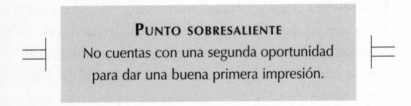

PUNTO SOBRESALIENTE
No cuentas con una segunda oportunidad
para dar una buena primera impresión.

Mientras comienzas a dominar las dotes comunicativas, es importante que aprendas los secretos para presentarte a *ti mismo* así como a tus ideas. Tu aspecto en las reuniones de negocios, las entrevistas e incluso en una cita han de comunicar tanto como lo que digas. Los dos campos principales de la apariencia son el aseo y la vestimenta.

EL ASEO

Estos son algunos puntos sobre el aseo a tener en cuenta en tu lista de control para tu próxima reunión, cita o presentación:

- No es necesario decir que el baño es indispensable.
- Mantén los dientes bien limpios. Si tienen manchas o están amarillos, usa un blanqueador dental. Si

están torcidos, separados o si son antiestéticos considera realizar un tratamiento odontológico que pueda lograr que tu sonrisa se vea más atractiva.

- Mantén las uñas limpias y bien cortadas. En el caso de las mujeres, el esmalte de uñas debe ser delicado, no chillón.

- Procura que tu cabello esté prolijo y bien peinado. El cabello grasoso y apelmazado puede alejar a los demás. Incluso si el «aspecto desprolijo» está de moda, ten en cuenta qué estás comunicando a quienes te rodean. Si la tintura o los reflejos mejoran tu aspecto, por supuesto que son una buena inversión. Suelo decir que cuanto menos cabello tengas en la cabeza y en el rostro, más te relacionarás con la mayoría de las personas. Como me estoy quedando calvo, ¡parece que cada año me relaciono más!

- El propósito del maquillaje es mejorar tu aspecto; no cambiarlo. Utilízalo con moderación y recato. Ten cuidado con el aspecto «pintarrajeado».

- Las colonias y los perfumes son útiles. Simplemente ten en cuenta que la fragancia no sea muy intensa.

- Asegúrate de usar desodorante o antitranspirante.

- Siempre lleva pastillas de menta contigo. Si alguien se siente hastiado por tu mal aliento, no escuchará una sola palabra que digas. Hace muchos años, cuando Linda y yo estábamos construyendo nuestra casa, todos nos advertían que tendríamos muchos desacuerdos durante el proceso de las muchas decisiones que debíamos tomar. Sin embargo, la pasamos de maravillas durante el tiempo que nos llevó crear nuestro sueño. Las únicas discusiones en las que nos trenzamos estuvieron relacionadas con a quién le tocaba reunirse con una empresaria que tenía muy mal aliento. «No, Linda, estoy seguro de que es tu turno. Yo me reuní con ella la última vez». Es probable que ese sea el motivo por el que hacía tantos negocios; ¡le compraban cualquier cosa que sugiriera con tal de no estar con ella!

PUNTO SOBRESALIENTE
La vestimenta es siempre un
instrumento de comunicación.

VÍSTETE PARA TRIUNFAR

¿Qué estás tratando de comunicar por medio de tu aspecto? «Acabo de levantarme». «Soy el mejor empleado de este lugar». «No me importa lo que pienses, puedo comportarme como quiera». O «me interesa la forma en que me relaciono contigo». No te engañes y pienses que no has dicho mucho sobre ti con solo ingresar a la sala. Los demás evaluarán tu posición, tu propósito y tu potencial para el éxito en el momento en que atravieses la puerta. Presta atención a la manera en que luces desde la cabeza hasta la suela de los zapatos.

Muchas personas se dicen a sí mismas: «Cuando logre el éxito, invertiré más dinero en un guardarropa elegante». Esto es como sentarse frente a la hoguera y pensar: «Cuando me des calor, te pondré leña». No, primero debes lucir exitoso para luego lograr el éxito.

A medida que transitamos el siglo veintiuno a una velocidad vertiginosa, la división entre la formalidad y la informalidad se desdibuja constantemente. Dado el permanente cambio del código corporativo de vestimenta, ¿cómo sabes qué debes usar y en qué momento? A continuación se enumeran algunas pautas de vestimenta en el lugar de trabajo.

Aunque pareciera ser lo que los empresarios de la moda quieren, adoptar todas las tendencias no suele ser una buena idea. Los atuendos tradicionales y clásicos sugieren una gran profesionalidad. No sigas las modas elaboradas o demasiado exageradas. La ropa sencilla que te favorezca es la más indicada. Al vestirte, recuerda que tu objetivo es ser capaz de relacionarte con un espectro de individuos lo más amplio posible. No deseas que tu aspecto entorpezca una comunicación sincera.

> **PUNTO SOBRESALIENTE**
> Es mejor estar demasiado arreglado que
> no estar a la altura de la ocasión.

Si eres hombre, elige corbatas con diseños simples. Olvídate de las sirenas, los personajes de caricaturas y los bolos. Es decir, mantén bien guardadas esas corbatas navideñas de la

empresa y úsalas un día difícil en el que necesites unas carca-
jadas. Además, las camisas de vestir deben quedar al cuerpo y
estar recién planchadas.

Como sabes, la vestimenta apropiada variará según la ocasión o el público. Si te vistes para un día común de trabajo, la
ropa *casual* elegante será más que aceptable. Pero si debes elegir la
vestimenta para una presentación especial de tu departamento,
será más apropiado usar un traje y una corbata. Por supuesto
que cada cultura corporativa de los Estados Unidos es un tanto
única con respecto a sus códigos de vestimenta. Por ejemplo, si
eres un alto ejecutivo de IBM, se esperará que vistas un traje.
Pero si trabajas en una empresa tecnológica de *Silicon Valley*, el
atuendo apropiado será un par de vaqueros y una camisa con
el cuello abierto. Cuando menos, estar demasiado arreglado es
mejor que no estar a la altura de la ocasión, ya que demuestra
que consideras a la otra persona y que le tienes una gran estima.

La variación en los estilos de vestimenta y la forma en
que influyen en el desempeño laboral queda de manifiesto de
manera interesante en la oficina más importante de la nación.
Se sabía que el presidente Bill Clinton vestía camisas depor-
tivas cuando trabajaba en el despacho oval, mientras que su
predecesor, George W. Bush, siempre usaba chaqueta. Al cabo
de los primeros cien días de la presidencia de Bush, se corrió
la voz de que el atuendo de negocios era el indicado en el
despacho oval. Curiosamente, la productividad aumentó en
forma significativa. En estudios realizados entre estudiantes
secundarios, se observó que los jóvenes que usaban uniformes
para asistir a la escuela tenían un mejor desempeño general
que aquellos que no lo utilizaban.

Vístete de una manera que realce tus características. Usa ropa que te siente bien y que no esté gastada. Si realizas un mantenimiento simple de la ropa y de los zapatos, estos durarán mucho tiempo. Uno de mis amigos usó los mismos zapatos durante treinta años; solo los lustraba con regularidad y les hacía cambiar la suela de vez en cuando. Procura que tus zapatos brillen. Suelen ser una de las primeras cosas que observa una persona en una entrevista laboral. También es importante que la vestimenta esté confeccionada a tu medida. Vale la pena tener ropa y zapatos de calidad si los cuidas.

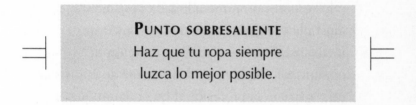

PUNTO SOBRESALIENTE
Haz que tu ropa siempre
luzca lo mejor posible.

Busca una buena tintorería. La ropa prolija y bien planchada distingue. Una camisa que se limpió en la tintorería es inconfundible. El aspecto arrugado nunca estuvo «de moda», y es probable que nunca lo esté. Si se sale un botón, cóselo nuevamente. Arregla cualquier desgarro. Las damas nunca deben usar pantimedias que estén rotas o corridas. La buena ropa se desluce si tiene agujeros o manchas.

Si no sabes qué comprar o qué te queda bien, pídele a un amigo que vista bien que te acompañe en tu próxima compra. Un comprador inteligente no necesita gastar una fortuna para tener un guardarropa nuevo cada temporada, sino solo un poco para sumar algunas prendas nuevas a las que ya tiene.

Unos consejos de moda adicionales:

- Las rayas horizontales te harán ver más robusto de lo que eres.
- Las rayas verticales te harán ver más delgado de lo que eres.
- El color negro siempre hace lucir más delgado.
- Los colores lisos suelen ser mejores que los escoceses para los compromisos de negocios.
- En el caso de las mujeres, evitar las faldas cortas y los escotes pronunciados. La vestimenta ajustada y sugerente puede transmitir un mensaje que no se tiene la intención de comunicar. Siempre se debe tratar de mantener una apariencia profesional que comunique el propósito deseado.

PUNTO SOBRESALIENTE
Mantén el peso ideal y podrás
comunicarte con más confianza.

La única forma de que te mantengas sano consiste en comer lo que no quieres, beber lo que no te gusta y hacer lo que no harías.

—MARK TWAIN

Si te das cuenta de que estás sumando libras innecesarias, desarrolla la disciplina que precisas con el fin de perder el peso no deseado. La obesidad hace que se dificulte la comunicación con confianza. Además, las personas se distraen y no te escuchan. Todos podemos encontrar el peso ideal que logrará que nos sintamos más cómodos, saludables y seguros de nosotros mismos. Esto puede significar que debas iniciar una dieta sana y equilibrada y establecer una rutina de ejercicios. La buena salud también es una parte de la buena apariencia como lo es todo lo demás.

La mayoría esperamos hasta que es demasiado tarde para empezar a pensar en comer sano y hacer ejercicio. En realidad, casi todos los individuos que sufren un infarto experimentan negación. «Esto no me está pasando a mí. Es una pesadilla. Debo de haber malinterpretado al médico». No hay muchas personas que sean como Field Marshall Montgomery. Después de la Segunda Guerra Mundial, mientras ocupaba un escaño en la Cámara de los Lores, se volvió con calma en dirección al hombre que estaba sentado a su lado y le dijo: «Discúlpeme, pero estoy sufriendo una trombosis coronaria». Con tranquilidad, salió del recinto para buscar ayuda médica. La mayoría continuamos con lo que estamos haciendo hasta que nos desplomamos. Somos muchos los que ignoramos las señales de advertencia de un problema de salud y continuamos con los malos hábitos hasta que es demasiado tarde.

Si crees que usar lentes de contacto o someterte a una cirugía láser te ayudará a sentirte más seguro de ti mismo, bien vale la inversión. Cuando te reconcilies con tu aspecto, te comunicarás con confianza y lo más probable es que consigas el trabajo, la cuenta o la cita con la que sueñas. Empieza hoy, te alegrará haberlo hecho.

PUNTO SOBRESALIENTE
Acepta lo que no puedes cambiar.

En un sondeo reciente se preguntó: «Si pudieras cambiar una sola cosa de ti, ¿qué sería?» Casi el noventa por ciento de los encuestados señaló aspectos que no les era posible modificar.[2] La verdad es que muchos de nosotros nacemos con características que nos es imposible cambiar, como el color de la piel, la altura, la estructura ósea o algún defecto de nacimiento. Si no puedes cambiar una característica, aprende a amarla y a vivir con ella.

Si piensas que tus limitaciones físicas frenarán el desarrollo de tus más grandes potenciales, ten en cuenta lo siguiente:

En 1959, un ejecutivo de la empresa Universal Pictures despidió a Clint Eastwood con el siguiente argumento: «Tienes un diente fracturado, una nuez de Adán muy prominente y hablas demasiado lento».

John Milton se quedó ciego a los cuarenta y cuatro años. Dieciséis años después escribió el clásico *El paraíso perdido*.

Después de padecer una progresiva pérdida auditiva durante años, el compositor alemán Ludwig van Beethoven se quedó completamente sordo a los cuarenta y seis años. No obstante, fue después de esa edad que escribió sus mejores piezas.

Después de perder ambas piernas en un accidente aéreo, el piloto de caza británico Douglas Bader se reincorporó a la Real Fuerza Aérea con dos piernas ortopédicas. Durante la Segunda Guerra Mundial, los alemanes lo apresaron tres veces, y en las tres oportunidades se escapó.

Franklin D. Roosevelt quedó paralizado por la polio a los treinta y nueve años. Sin embargo, siguió adelante hasta que se convirtió en uno de los líderes estadounidenses más queridos e influyentes. Fue elegido presidente de los Estados Unidos en cuatro ocasiones.

No te ocultes detrás de una limitación en tu aspecto. Úsala para gritarle al mundo que amas la vida.

> *Señor, dame la serenidad para aceptar las cosas que no puedo cambiar, valor para cambiar las cosas que puedo y sabiduría para poder diferenciarlas.*
>
> —Oración de Alcohólicos Anónimos

CAPÍTULO CUATRO

EL ARTE DE VALORAR A LOS DEMÁS

El mejor regalo que podemos darnos mutuamente es una atención total a la existencia del otro.

—SUE ATCHLEY EHAUGH

Para el momento en que leas este capítulo, estarás empezando a desplegar las herramientas que necesitas para convertirte en un comunicador experto. Ya hablamos sobre la magnitud de la comunicación no verbal y de la apariencia como elementos importantes en el desarrollo de buenas dotes comunicativas. Se ha dicho que la comunicación es el material con el que construimos nuestras relaciones.

> *Procure primero comprender, y después ser comprendido.*[1]
>
> —STEVEN COVEY

Como ya observamos, la comunicación es la transferencia de información de una persona a otra. Sabemos que, para que esta sea eficaz debe, por definición, ser recibida por otro individuo. Una cosa es esforzarse por mejorar la postura, el lenguaje corporal y la expresión facial para lograr darle un mensaje claro al otro. Pero si la otra persona no cree que nuestro mensaje es genuino, este no logrará su objetivo deseado. Es decir, con el fin de establecer una comunicación eficaz debemos aprender a desarrollar un *interés genuino* en las personas con las que intentamos comunicarnos.

Durante el primer año que Linda y yo dimos charlas a grandes grupos de personas en seminarios, ella se ponía muy nerviosa y terminaba vomitando antes de sus charlas. Al cabo de aproximadamente un año, un día la vi en el estrado riéndose y con aspecto relajado. ¡Ni siquiera había vomitado! «Linda», le pregunté, «¿qué pasó hoy? No se te ve para nada nerviosa».

Esto es lo que respondió: «Finalmente, dejé de preocuparme por mí y empecé a pensar en cómo podía ayudar a estas personas». El interés real de Linda por su público no solo la convirtió en una oradora más eficaz, sino que ella también se sintió más contenta y tranquila.

En un estudio reciente sobre presidentes estadounidenses que realizó la Escuela de Negocios de Harvard, se descubrió que los mandatarios más eficaces habían tenido cinco habilidades y rasgos de personalidad específicos:

1. Conciencia de uno mismo
2. Motivación propia
3. Autorregulación
4. Empatía
5. Habilidades sociales

Curiosamente, todos los rasgos de la lista se vinculan con la comunicación, ya sea la forma en que lidiamos con la psiquis, las emociones o el cuerpo propio o la manera en que tratamos con los sentimientos y las necesidades de los demás. Esto demuestra a las claras que el liderazgo fuerte se relaciona estrechamente con las buenas dotes comunicativas.

Concentrémonos por un momento en el cuarto punto: la empatía. La empatía es una comprensión real de la situación del otro. No es tanto una habilidad sino un rasgo de la personalidad que, cuando se lo utiliza de manera eficaz y genuina, brinda resultados asombrosos:

- Los líderes empáticos conquistan adeptos.
- Los padres empáticos conquistan a sus hijos.
- Los empleadores empáticos conquistan a sus empleados.

La buena noticia acerca de la empatía es que se trata de un rasgo de la personalidad que todos podemos tener y utilizar. La empatía requiere de muy poco, salvo de nuestra habilidad para observar situaciones, charlas y relaciones más allá del impacto que nos producen. Es la representación perfecta de estar orientados a los otros más que a nosotros mismos.

Hay algo innato en nosotros que hace que estemos atentos a nuestros intereses antes que a los ajenos. Si tomo una fotografía de un grupo en el que estás tú, ¿a quién mirarás primero en la fotografía? ¡A ti, por supuesto! Pensarás: *¡Mira ese cabello! ¡Está todo desarreglado! Y tengo los ojos casi cerrados. Observa esa sonrisa torcida.* Para ti, la persona más importante eres tú. Si podemos entender que todos sentimos esto y satisfacer la necesidad que el otro tiene de contar con reconocimiento y aprecio, lograremos abrir las líneas de comunicación de una forma maravillosa. Este es un gran ejemplo de la manera en que la empatía se puede utilizar para decir mucho.

El estadista y financista británico Cecil Rhodes, cuya fortuna se utilizó para dotar de fondos a las mundialmente famosas becas Rhodes, era muy detallista con la vestimenta. Un joven que fue invitado a cenar con Rhodes viajaba en tren y llegó tarde. Debió presentarse directamente en la casa de Rhodes con la ropa manchada por el viaje. Una vez que estuvo allí, se horrorizó al observar que todos los demás invitados ya habían llegado y que vestían traje de etiqueta. Después de un momento que pareció eterno, se presentó Rhodes. Aunque era obsesivo con el vestuario, lucía un viejo y gastado traje azul. Tiempo después, el joven supo que su anfitrión había tenido ropa de etiqueta, pero que se había puesto el traje viejo cuando se enteró del dilema de su joven invitado.

Rhodes comprendió que al demostrar empatía por el joven comunicaba mucho más de lo que habría podido expresar con palabras. Su mensaje fue que le interesaban el bienestar y la dignidad del joven.[2]

En su clásico libro sobre liderazgo, *Los 7 hábitos de las familias altamente efectivas*, Steven Covey lo dice este modo: «Procure primero comprender, y después ser comprendido». A esto, otros lo llaman «escuchar las necesidades del cliente». El interés genuino por los demás logrará amistades y tendrá influencia en la manera en que las personas se relacionan contigo.

Observar las situaciones desde el punto de vista de los demás y aprender a orientarse hacia los otros de forma genuina no es solo una buena práctica para la conversación y la comunicación, es una buena decisión de negocios. Cualquier buen vendedor puede demostrarte la importancia de descubrir las necesidades de los otros y de hallar una manera para dirigirte a ellos. No funciona fingir interés o preocupación. Pero la empatía *auténtica* puede convertirte en un comunicador de primera así como en un éxito en los negocios. Considera la siguiente anécdota como un recordatorio conmovedor del valor que tiene demostrar empatía.

El gran general estadounidense Colin Powell recuerda una reunión con el ex presidente Ronald Reagan y ciertos miembros de su gabinete en la que se debatía una nueva política creada por el general Powell y varios colegas del gabinete. El presidente Reagan estaba en total desacuerdo con los detalles de la política, pero estaba decidido a confiar en los hombres que él había elegido. Estaba dispuesto a permitir que el general Powell y los demás llevaran adelante su propuesta, principalmente porque confiaba en ellos y les había otorgado la facultad para tomar decisiones. Se adoptó la política pero, en el término de unas pocas semanas, fracasó.

Se llamó a una conferencia de prensa y los medios de comunicación se reunieron para hacerle preguntas sobre la política fallida al presidente. Después de una intensa rueda de prensa, un representante de los medios le preguntó con franqueza: «¿Formuló usted esta política o fue otro funcionario el responsable de crear este desastre?»

Sin vacilar, Reagan respondió: «Fue totalmente idea mía. Pero le diré algo sobre este viejo. Puedo cometer un error una vez, pero nunca lo cometeré dos veces». Así protegió la reputación de su gabinete y la del general Powell, y los salvó de la ira pública. El general Powell se recuerda de pie en la sala de conferencias con los ojos llenos de lágrimas y dispuesto a servir al presidente Reagan por el resto de su vida.

Este es el poder de tomar decisiones en pos del bien ajeno. Este es el poder de un gran comunicador. Ese fue uno de los secretos de Ronald Reagan. Se interesaba sinceramente por el bienestar de los demás.

La empatía es una habilidad que se aprende. La mayoría de nosotros nos orientamos naturalmente hacia nosotros mismos en lugar de hacerlo hacia los demás. Al igual que cualquier otra habilidad, la empatía es algo que puede aprenderse con tiempo y esfuerzo. Piensa por un momento en tu maravilloso niño de dos años mientras juega con el hijo de dos años de tu amigo. De repente te sorprende que tu niño golpee en la cabeza al otro bebé, le quite un muñeco y diga: «¡Mío!» Tu hijo necesita que le enseñen a compartir con otros y a preocuparse por los demás, no es su inclinación natural. Nosotros somos de la mima manera; debemos enseñarnos a preocuparnos sinceramente por los demás. A continuación encontrarás unos pasos que puedes usar para demostrarles a los demás que estás francamente interesado en ellos, y así desarrollar tu propia capacidad para sentir empatía:

1. Recuerda el nombre de la otra persona.
2. Responde rápido los mensajes.
3. Haz que lo que le interesa a esa persona te interese a ti.

Punto sobresaliente
Recuerda el nombre de las personas.

Se dice que para nuestros oídos no hay sonido más dulce que el de nuestro propio nombre. Nos encanta escuchar que alguien lo pronuncia. Nos demuestra que somos importantes para ese individuo. Es probable que hayas advertido que, cuando recuerdas el nombre de una persona, esta tiende a responder con calidez y franqueza. Si en verdad quieres conquistar a alguien, recuerda el nombre de su cónyuge y sus hijos. Podrías decir: «Es que no soy bueno para recordar nombres». Muchos de nosotros no somos naturalmente buenos para recordar nombres. Debes *elegir* trabajar en pos de llegar a ser bueno para recordarlos. Para lograrlo, aprende a asociar ciertas cosas con los nombres de las personas. Cuando apenas conoces a alguien, intenta repetir su nombre varias veces en tu primera conversación. Te sorprenderás cuando observes cuánto más recordarás ese nombre en el futuro.

Uno de mis socios desarrolló la habilidad para recordar nombres. Con regularidad, usa esta habilidad adquirida para desarrollar sus negocios y conquistar a las personas. Es más, recuerdo que una vez estuve en una reunión con él en la que conoció a un grupo de sujetos, les estrechó la mano y luego abandonó la sala. Sorprendentemente, cuando volvió a verlos un año después recordó todos los nombres sin que se le escapara ninguno. ¿Crees que esos sujetos se sintieron apreciados? No solo eso, sino que también se sintieron conectados y fue solo porque alguien recordó sus nombres.

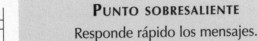

PUNTO SOBRESALIENTE
Responde rápido los mensajes.

El período de tiempo que nos lleva contestar un mensaje, ya sea por teléfono, fax o correo electrónico, comunica cuánto valoramos al otro. Como regla general, lo mejor es responder los mensajes dentro de las veinticuatro horas. Una respuesta rápida le demuestra al otro que lo consideramos importante y que comprendimos su interés. Todos hemos experimentado la sensación de que alguien nos «dejara en espera». Cuando no respondemos los mensajes en forma diligente, transmitimos claramente que la situación ajena no nos resulta importante y que lo que nosotros estamos haciendo tiene más valor. Sin importar el resultado de la pronta respuesta, la práctica te dará una reputación de responsabilidad, consideración e interés; una combinación ganadora. También es recomendable que, si alguien te hizo llegar un presente, te brindó un servicio especial o participó en una reunión solicitada, le envíes una nota de agradecimiento.

Una de las maneras en que Linda y yo mantenemos vivo el romance en nuestro matrimonio es mediante «notas amorosas» de tono sensiblero y meloso. Las mías suelen ser caseras y, en las tarjetas, dibujo siluetas de Terry y Linda conversando. Por el contrario, Linda pasa horas en la tienda buscando la tarjeta que contenga el mensaje apropiado. Está convencida de que, si su mensaje no logra sacarme una lágrima, su trabajo como esposa no fue bueno. Tiempo atrás aprendí a dejar su tarjeta a la vista sobre el escritorio durante dos días como mínimo. (Al principio de nuestro matrimonio, las tiraba después de leerlas. ¡Gran error!). Ahora, cuando llega el momento de deshacerme de su nota romántica, ¡camino hasta llegar al bote de basura del vecino que vive a dos casas de distancia!

PUNTO SOBRESALIENTE
Haz que lo que le interesa a esa
persona te interese a ti.

Mientras trabajas para desarrollar relaciones en tu casa y en el trabajo, una clave para establecer una buena comunicación es hacer que lo que le interesa a los otros te interese a ti. Los cumpleaños, los aniversarios y otros intereses personales son tesoros valiosos en las relaciones que sirven para desarrollar buenas dotes comunicativas. Tómate el tiempo para descubrir qué siente una persona con respecto a un tema en particular. En el centro de la empatía yace un interés verdadero en los demás.

Este principio resulta especialmente útil cuando se trata de relaciones familiares. Si, como padre, haces que lo que le interesa a tu hijo adolescente te interese a ti, verás un aspecto de tu hijo que nunca pensaste ver. Esto significa que si a tu hijo le interesa la música, deberás aprender sobre música. Si a tu hijo le gustan los deportes, tendrás que convertirte en un experto en ese campo. Muy pocas cosas servirán para ganarte la confianza y la admiración de alguien como un interés genuino en lo que a esa persona le interesa.

Este principio también sirve para el ámbito laboral. Como vendedor, si logras establecer una conexión con el interés de un posible cliente y haces que te resulte importante, es probable que hayas ganado un cliente y, tal vez, un amigo para toda la vida.

CAPÍTULO CINCO

EL ARTE DE ESCUCHAR

Cuando las personas hablen, escúchalas con aten-
ción. La mayoría nunca escucha.

—Ernest Hemingway

Al seguir nuestro camino para convertirnos en expertos en relaciones humanas, descubrimos que uno de los fundamentos primarios de la comunicación es un interés genuino por los demás. Sin esta base, la comunicación fracasa antes de que alguna vez pueda resultar productiva. La escucha activa transmite un interés sincero de manera más eficaz que cualquier otra cosa que puedas hacer. La escucha activa implica tomarse el tiempo y el esfuerzo para oír de verdad las intenciones de la persona que se comunica contigo.

Punto sobresaliente
La comunicación no es un
monólogo sino un diálogo.

Sin dudas, la verdadera definición de comunicación implica una conexión recíproca. Por desdicha, con mucha frecuencia consideramos que la comunicación ocurre cuando un individuo está hablando mientras el otro espera su turno para expresarse. La verdad es que, en la comunicación diaria, no solemos escuchar lo que dice el otro. Si nos damos cuenta de que la persona promedio puede pensar cuatro veces más rápido de lo que puede escuchar, es importante que aprendamos a desarrollar un oído agudo.

Tal vez observaste que las personas suelen llevar adelante sus propios «debates» mentales mientras deberían participar en la conversación que está en curso. Este es un ejemplo de cómo en ocasiones no escuchamos realmente a los demás.

Cuenta la historia que el presidente Franklin Roosevelt, que a menudo toleraba largas líneas de recepción en la Casa Blanca, se quejaba de que en verdad nadie prestaba atención a sus comentarios. Un día, durante una recepción, decidió hacer un experimento. A cada persona que pasaba la línea de recepción, le murmuró: «Esta mañana asesiné a mi abuela». Los invitados respondieron con frases como: «¡Maravilloso! Siga adelante con el buen trabajo». «Estamos orgullosos de usted». «Dios lo bendiga, señor presidente». No fue sino hasta el final, mientras saludaba al embajador de Bolivia, que sus palabras fueron escuchadas. Desconcertado, el embajador se inclinó y le susurró: «Seguramente se lo merecía».[1]

Alguien dijo: «Saber escuchar es como sintonizar una estación de radio. Si deseas obtener buenos resultados, solo puedes escuchar una emisora a la vez». Tratar de escuchar a mi esposa mientras reviso un informe de la oficina es como intentar escuchar dos estaciones al mismo tiempo. Termino confundido y frustrado. El arte de escuchar requiere elegir en qué concentraré mi atención. Para sintonizar con mi compañero, primero debo elegir dejar de lado todo aquello que divida mi atención. Eso puede significar apartar el periódico, dejar los platos en el fregadero, terminar con el libro que estoy leyendo o dejar de lado un proyecto.

Al escuchar embelesado a quien habla, le estoy diciendo: «Considero que lo que vas a decir es importante». Desarrollar una buena habilidad para escuchar implica tiempo y práctica. Pero si haces de ello un hábito, comenzarás a beneficiarte casi de inmediato. Dale Carnegie, en su libro *Cómo ganar amigos e influir sobre las personas*, cuenta la historia de un vendedor de tienda de catorce años que convirtió la lectura de biografías de famosos vivos en un hábito. Luego escribió varias cartas a individuos como Ralph Waldo Emerson, Louisa May Alcott y Mary Told Lincoln con el fin de pedirles más detalles sobre sus vidas. Asombrosamente, muchos de los famosos le respondieron. Varios lo invitaron a sus casas para conversar más a fondo. A la larga, el muchacho formó de la noche a la mañana una red de contactos que incluía a las personas más influyentes de Estados Unidos, solo porque había aprendido y practicado el arte de escuchar.

PUNTO SOBRESALIENTE
Escuchar no es una actividad
pasiva sino activa.

Mientras desarrollas tu habilidad para escuchar, recuerda que escuchar bien no se trata solo de mantenerse callado de manera pasiva. Es algo activo. Eso significa que estás constantemente leyendo las intenciones de tu compañero y comunicando, tanto en forma verbal como no verbal, que participas en la conversación. Se dice que Dios nos dio una boca y dos oídos por una razón. Nadie disfruta de un charlatán o de alguien que domina la conversación. Siempre sé atento con la otra persona y otórgales más valor a sus dichos que a los propios. Haz esto y verás que contarás con nuevos amigos.

La verdad es que a las personas les interesa mucho más lo que sucede en sus propias vidas que en la de los demás. Por tanto, el secreto para ser un buen conversador es preguntarles a los otros acerca de ellos mismos, luego quedarse callado y dejarlos hablar. Como estás dispuesto a escucharlos, siempre sentirán atracción por ti.

Escuchar no solo es una buena habilidad para los negocios; es esencial para mantener un matrimonio y un hogar saludables. Ten en cuenta el siguiente ejemplo. Durante unas entrevistas realizadas en un estudio de San Francisco a unas prostitutas adolescentes, se les preguntó: «¿Hubo algo que necesitaste en tu hogar y que no tuviste?» Su respuesta, siempre precedida por tristeza y lágrimas, fue unánime: «Lo que más necesité fue que alguien me escuchara, alguien a quien le importara lo suficiente como para escucharme». ¿Cuándo fue la última vez que te tomaste un momento para escuchar a tu cónyuge, tu hijo o un amigo? La próxima vez que estés en medio de una gran conversación, trata de escuchar de manera activa y observa si no cambia la forma en que estableces contacto con los demás.

Muchos problemas pueden solucionarse, e incluso prevenirse, con solo tomarnos tiempo para practicar la escucha activa. A continuación, encontrarás cuatro pasos para dominar esta habilidad:

1. Hacer una pausa,
2. observar,
3. escuchar y
4. responder

Hacer una pausa: Cuando un amigo, un miembro de tu familia o un compañero de trabajo se acerque a decirte algo, deja de hacer lo que estés haciendo y presta atención. La atención, aunque breve, le demuestra al otro que lo estás escuchando y que lo consideras importante.

Observar: Asegúrate de establecer contacto visual con la otra persona. Para ello, limita las distracciones y ponte directamente de frente a ella. Una expresión facial agradable animará a los demás a compartir sus sentimientos e inquietudes. Como ya dijimos, observa las señales no verbales que te pueden ayudar a responder con precisión a lo que el otro intenta transmitir.

Escuchar: Escucha las palabras y el tono de voz del otro para concentrarte en su mensaje. Escucha con atención lo que tu compañero de conversación *en realidad* dice así como lo que *intenta* decir. «Recoge» mentalmente las palabras e ideas clave que te servirán para comprender mejor a esa persona.

Responder: Después de hacer una pausa, observar y escuchar, llega el momento de responder. Según lo que la otra persona haya dicho, una respuesta activa sería parafrasear lo que acabas de escuchar o hacer una pregunta que lleve al otro a encontrar su propia solución.

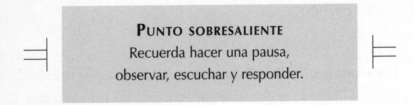

PUNTO SOBRESALIENTE
Recuerda hacer una pausa,
observar, escuchar y responder.

Desarrollar un interés genuino por los demás exige un esfuerzo consciente. La próxima vez que te encuentres en medio de una charla, presta mucha atención. Trata de no dominar la conversación y usa la habilidad para escuchar que expliqué en este capítulo. Combate la necesidad de hablar sobre ti o de interrumpir. Concéntrate en la otra persona. Obtendrás resultados que te entusiasmarán.

CAPÍTULO SEIS

EL ARTE DE LA CONVERSACIÓN

El verdadero espíritu de la conversación consiste en establecerla a partir de la observación del otro y no en invalidarla.

—Edward Bulwer-Lytton

Todos hemos pasado algo de tiempo en la cocina leyendo un recetario mientras intentamos crear algo con una lista de ingredientes. Y es probable que todos hayamos tenido resultados desastrosos al tratar de modificar una receta. Ya conoces la situación: reemplazas el bicarbonato de sodio por polvo de hornear o intentas preparar galletas con trozos de chocolate sin usar huevos. Bueno, tal vez no, pero puedes imaginar el desorden si lo hicieras. Necesitas los ingredientes adecuados para llegar a los resultados precisos. Lo mismo sucede con una buena conversación. Para obtener lo mejor posible de una charla, debes contar con todos los ingredientes apropiados. Estos son algunos de los componentes que forman parte de una buena conversación.

1. Elige tus palabras con cuidado.
2. Desarrolla un vocabulario poderoso.
3. Hazle preguntas a la otra persona con el fin de hablar su mismo idioma.
4. Descubre el poder de la risa.
5. Aprende a articular con corrección.
6. Evita las palabrotas.
7. Protege la dignidad de la otra persona.

1) ELIGE TUS PALABRAS CON CUIDADO

Mark Twain lo dijo de esta manera: «La diferencia entre la palabra adecuada y la casi correcta, es la misma que entre el rayo y la luciérnaga».[1] Las palabras son poderosas. Elígelas con cuidado. Antes de hablar, ordena tus ideas y decide qué palabras lograrán comunicar mejor el mensaje que deseas transmitir.

PUNTO SOBRESALIENTE
Elige tus palabras con cuidado.

Una mañana, el presidente Franklin Roosevelt le pidió a su secretaria que tomara nota de un breve mensaje al Congreso. Mientras él le dictaba cada palabra, incluso los signos de puntuación, ella escribió: «Ayer, 7 de diciembre de 1941, un día que perdurará en la historia mundial, se atacó a Estados Unidos en forma repentina y deliberada...» Después de escribir a máquina el mensaje que contenía quinientas palabras, se lo regresó a Roosevelt. Él hizo un solo cambio, tachó «historia mundial» y lo reemplazó por «infamia». Como todos sabemos, «un día que perdurará en la infamia» es una de las frases más famosas que haya pronunciado un presidente estadounidense. La correcta elección de las palabras creó un mensaje que vivirá por siempre en la historia.[2]

El homólogo británico de Roosevelt, Winston Churchill, también era famoso por su elección acertada de las palabras.

En una oportunidad, el estadista escribía un discurso sobre el comunismo en un tren. Mientras observaba el convoy vio una cortina que dividía su compartimento y creó el término «Cortina de hierro».

Joseph Conrad comentó una vez: «Las palabras pusieron en movimiento a naciones enteras y agitaron la base rígida y seca sobre la que reposa nuestra estructura social. Dame la palabra justa y el acento indicado y moveré el mundo».[3]

2) DESARROLLA UN VOCABULARIO PODEROSO

Un intelectual es un hombre que usa más palabras de las necesarias para decir más cosas de las que sabe.

—JOHN WAYNE

Con el fin de hacer la elección correcta, debes contar con varias palabras entre las cuales elegir. Las palabras representan un poderoso arsenal que puede utilizarse para alcanzar tus objetivos, por lo que es importante que aprendas a usarlas bien. Un paso en este proceso es desarrollar un buen vocabulario activo. Hace cincuenta años, el estadounidense promedio contaba con un vocabulario de cincuenta mil términos. Hoy, ese número se reduce a unas meras quince mil. Con la llegada de la televisión, de Internet y de otros avances tecnológicos, hemos perdido el valor de la palabra bien dicha.

Como tan bien observó John Wayne, a nadie le gusta toparse con un sabelotodo que utiliza términos solo porque los conoce. Sin embargo, es importante que trabajes para incrementar tu vocabulario de forma que puedas llevar con facilidad una conversación interesante con tus esferas de influencia. Existen varios libros que puedes adquirir para mejorar tu léxico. *Gramática de la Lengua Española* de Larousse te familiarizará con muchos términos que todas las personas educadas deben conocer y usar.

Así como es valioso contar con un buen vocabulario, es igual de importante que no intelectualices demasiado una conversación. Si una persona cree que «le hablas en tono condescendiente», sentirá que te consideras mejor que ella. Por eso, elige con cuidado las palabras que simplemente transmitan tu mensaje y luego aprende a usarlas. Un buen vocabulario comunica que valoras *tus* ideas y el tiempo del *otro*.

Ten en cuenta los comentarios de Lee Iacocca sobre el líder como comunicador: «Es importante hablarles a las personas en su propio idioma. Si lo haces bien, ellos dirán: "Dijo exactamente lo que estaba pensando". Y cuando empiecen a respetarte, te seguirán a ultranza».[4]

3) HAZLE PREGUNTAS A LA OTRA PERSONA CON EL FIN DE HABLAR SU MISMO IDIOMA

Las preguntas son una de las mejores formas de comunicarnos en el idioma del otro. Cualquier buen vendedor te informará sobre la necesidad de escuchar los intereses y las necesidades de un cliente potencial. También podrá indicarte cuán importante es plantear interrogantes basadas en la información recopilada. Si haces preguntas acerca del otro no solo obtendrás datos para mejorar tus oportunidades de venta, sino que te será útil para comunicar un interés genuino por esa persona.

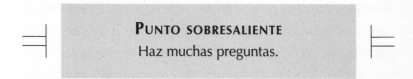

Punto sobresaliente
Haz muchas preguntas.

Recuerda hacer preguntas tanto sobre la vida particular como profesional. Eso muestra que tu interés va más allá de los simples negocios y que el otro te importa como persona. Es probable que encuentres un puente a esa persona que nunca creíste que existía. Tal vez descubras que asistieron a la misma universidad, que ambos disfrutan de la pesca con mosca o que sus niños van a la misma escuela. Las relaciones sólidas se basan en hacer muchas preguntas y en tomarse el tiempo para escuchar de verdad.

A todos les gusta hablar sobre sí mismos. Si se encuentra la ocasión, casi nadie dejará pasar la oportunidad de contarte sus experiencias, sueños o triunfos.

4) DESCUBRE EL PODER DE LA RISA

Si deseas vislumbrar el interior de un alma humana
para conocer a alguien, no te molestes en analizar
sus silencios, su forma de hablar o de llorar o en

65

ver cuánto lo conmueven las ideas nobles; obtendrás mejores resultados si solo lo observas reír. Si ríe bien, es un buen hombre.

—FYODOR DOSTOYEVSKY

Aprender a usar el humor en la conversación mejorará notablemente tu habilidad para comunicarte bien. Tanto el humor como la risa son elementos fundamentales de cualquier buen conversador. Muchos de los mejores conversadores de nuestro tiempo también contaban con la habilidad para usar el ingenio y el humor a fin de hacer relajar a una persona o al público. Observa la siguiente anécdota de la vida de Winston Churchill.

Cuando era un joven estadista, Churchill lucía bigote. Una noche, en una cena bastante formal, se trenzó en una discusión con una mujer que, creyendo que lo dominaba, le dijo bruscamente: «Joven, no me interesan ni sus ideas políticas ni su bigote».

«Señora», respondió Churchill, «es poco probable que tome contacto con alguno de ellos». Este comentario alivió la tensión y permitió que el gran estadista continuara con su conversación.

A la gente le encanta las personas que ríen. Hay algo agradable en los individuos que tienen la risa fácil, que iluminan un lugar con un chiste apropiado.

Kristi, nuestra hija menor, siempre fue la risueña de la familia. Recuerdo una noche en que Linda estaba embarazada y le faltaba un mes para tener a David. Pusimos un poco de música después de la cena y Kristi, de nueve años, me agarró y comenzó a bailar conmigo. Le apoyé la cabeza en el hombro y comenzó a reírse. En realidad, parecía más un cacareo. Al escucharla, todos comenzamos a reír y reír hasta que nos dolió el estómago. ¡Creí que Linda daría a luz en ese mismo instante!

Siempre es una buena idea contar con unos pocos chistes de buen gusto para usar en las ocasiones indicadas. Algunas personas escriben historias graciosas en un diario a medida que las escuchan. Quizá no seas gracioso. Pero es posible cambiar y puedes utilizar chistes de otros.

Mantente alejado del humor negativo y del sarcasmo. Reírse a costas del otro inevitablemente produce un efecto indeseado y deja un mal sabor en la boca de los demás. Pensarán que: *Si se burla de esa persona, en algún momento me humillará a mí.*

El humor y la risa desarman a los demás y te harán querer. La persona que es demasiado intensa en su estilo comunicativo no hace sentir a gusto a los demás.

PUNTO SOBRESALIENTE
Si te ríes de ti mismo,
harás sentir cómodos a los demás.

Los niños en edad preescolar llegan a reírse cuatrocientas cincuenta veces por día, en promedio, mientras que los adultos solo lo hacen quince. No es ninguna sorpresa que los niños en edad preescolar lleven una vida más saludable y no sufran de estrés. Ten en cuenta esta descripción de la risa:

Los circuitos neuronales del cerebro empiezan a tener reper-
cusiones. Los impulsos químicos y eléctricos comienzan a
fluir rápidamente por tu cuerpo. La glándula pituitaria se
estimula; las endorfinas, que tienen la misma composición
química que la morfina, viajan por la sangre. La tempera-
tura corporal sube medio grado, las pulsaciones y la tensión arterial se incrementan, tanto las arterias como los
músculos torácicos se contraen, las cuerdas vocales vibran
y tu rostro se crispa. Aumenta la presión en los pulmones.
De repente, el maxilar inferior se cae sin control y salta el
aliento de tu boca a casi setenta millas (unos ciento trece
kilómetros) por hora.[5]

Esta es la descripción clínica de la risa.

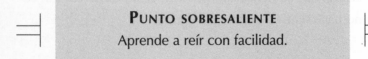

PUNTO SOBRESALIENTE
Aprende a reír con facilidad.

Un estudio que llevó a cabo Northwestern University bajo
estrictas condiciones científicas demostró que el acto de reír
representa un masaje para el corazón, estimula la circulación
sanguínea y ayuda a los pulmones a respirar con más facilidad.
Otro estudio, realizado por Fordham University, reafirmó la
conclusión de que la risa beneficia el corazón, los pulmones,
el estómago y otros órganos. Relaja nuestras tensiones y pro-
mueve un sentimiento de bienestar.

¿Es necesario agregar más?

5) APRENDE A ARTICULAR CON CORRECCIÓN

Una conversación solo es buena si se la escucha. La articulación incluye un hablar pausado y claro, así como la habilidad para completar tus ideas con esmero. En resumidas cuentas: *Aprende a decirlo con claridad.*

Una persona que habla demasiado rápido suele hacer sentir incómodo o apresurado al otro. Concéntrate en bajar la velocidad y en dar un mensaje elocuente. Si hablas de manera pausada, lograrás que la persona con la que tratas de comunicarte se sienta más a gusto. Quienes hablan rápido dan la impresión de estar apurados o muy ocupados como para interesarse realmente en la conversación en curso.

Algunas personas desarrollaron el hábito irritante de no terminar sus ideas u oraciones. Eso puede distraer mucho. Transmite la sensación de que en verdad no estás interesado en la charla o en el otro. Tómate el tiempo para concentrarte en las palabras que estás expresando y aprende a pronunciarlas con calma y seguridad.

6) EVITA LAS PALABROTAS

Las palabrotas son las muletas del conversador lisiado.

—David Keuck

Las palabras soeces, o palabrotas, sugieren una falta de vocabulario apropiado. También es posible que desagraden a las personas. Recuerda que tu objetivo es comunicarte bien con un espectro de individuos lo más amplio posible y no puedes saber si las palabrotas pueden ofenderlos. Como regla general, siempre es mejor estar seguro y pecar de conversadores tradicionales.

7) PROTEGE LA DIGNIDAD
DE LA OTRA PERSONA

Implementa una política personal para nunca corregir innecesariamente a nadie frente a quienes lo rodean. Si alguien está contando una historia que sabes que es errónea o aportando datos que probablemente cuestionarías, resiste la tentación de señalarle su error en público. Si la conversación no depende de la información, déjalo pasar. Dejar pasar el equívoco será más útil a la relación que cuestionar o corregir en público a esa persona.

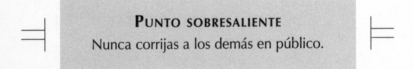

PUNTO SOBRESALIENTE
Nunca corrijas a los demás en público.

Por tanto, ¿qué haces cuando alguien realmente te irrita en público, cuando un empleado te contradice frente a tus amigos o cuando un cónyuge dice algo que te hace avergonzar? ¿Qué haces? ¡*Nada*! Te relajas. Lo dejas pasar. Nunca cuestiones a un empleado o a tu cónyuge frente a los demás. Al contrario, espera que llegue el momento apropiado para decirle en privado cómo te sentiste. Te ganarás a las personas para siempre si saben que estás dispuesto a proteger la dignidad de ellos en frente de los demás.

CAPÍTULO SIETE

EL ARTE DE LA AUTENTICIDAD

La honradez supone integridad en todos los aspectos. Significa aquello que es total, completo; implica la verdad en todo, tanto en los actos como en las palabras.

—Orison Swett Marden

En la comunicación, es importante decir lo que se quiere decir y querer decir lo que se dice, de una manera que se fomenten relaciones positivas. A esto lo llamamos el arte de la autenticidad. Se trata de dominar la habilidad para ser real con las personas que te rodean. La falta de autenticidad conlleva a relaciones tensas en las que la comunicación se empaña y los sentimientos y las intenciones no son fáciles de determinar. Mantener despejadas y francas las líneas de comunicación es importante para relacionarnos con los demás. A continuación se enumeran algunos ejemplos de lo que sucede cuando la comunicación se vuelve confusa.

La aerolínea Braniff llamaba a sus pasajeros a *«fly in leather»*. La traducción al español de ese eslogan es «viajar desnudo». La aerolínea Eastern declaraba: *«We earn our wings daily»*. En español, este eslogan significa que el destino final de los aviones era el paraíso. General Motors descubrió demasiado tarde que el nombre de su auto compacto, «Nova», era literalmente «no va» en español. Coors alentó a sus clientes de habla inglesa a *«turn it loose»*, pero esta expresión significa «sufrir diarrea» en español. El eslogan de Budweiser, «King of

Beers», se convierte en «reina de la cerveza» ya que el término «cerveza» es femenino en español.[1]

En los ejemplos anteriores, el mensaje buscado fue confuso a causa de la comunicación deficiente y la falta de autenticidad. Lo mismo sucede cuando no somos claros con nuestras intenciones o jugamos para manipular a una persona.

SÉ ASERTIVO

- ¿Hablar con personas que no conoces te parece raro?
- ¿Permites que otras personas se salten la fila delante de ti en la tienda de comestibles?
- ¿Ingieres la comida que te sirven en los restaurantes aunque no esté bien preparada?
- ¿Tienes problemas para transmitir lo que en verdad quieres decir?

Si tu respuesta a alguna de estas preguntas es «sí», es probable que necesites una dosis de lenguaje asertivo. Recuerda que las palabras que utilizamos comunican a los demás aspectos importantes sobre nosotros. ¿Transmiten tus palabras y acciones que confías en ti o que eres temeroso? ¿Hablan de una imagen propia positiva o de una débil voz interior? ¿Les dicen a los demás que tú crees en tu producto o que, en realidad, no tienes una opinión formada? ¿Dicen: «Sigue mi camino» o «Voy a alguna parte»? ¿Representan con exactitud —tus palabras y acciones— lo que sientes en tu interior? Si no es así, no eres auténtico con quienes te rodean. La autenticidad requiere de cierto grado de lenguaje asertivo.

PUNTO SOBRESALIENTE
Tus acciones y palabras se clasifican
en una de estas tres categorías:
pasivas, agresivas o asertivas.

La pasividad suele identificarse con la baja autoestima. Esta característica hace que los demás puedan «pisotearnos». Transmite debilidad y timidez. Le falta la confianza de un líder genuino. La pasividad refleja una incapacidad para comunicar tus pensamientos o sentimientos *reales*. Algunos ejemplos de enunciados pasivos podrían ser:

- «No me importa qué hagamos esta noche» (cuando, en realidad, te importa).
- «Lo que a ti te parezca...» (cuando tienes una opinión).

La agresividad es unilateral. No tiene en cuenta los sentimientos de la otra persona. Suele terminar adoptando la forma de desprecio y sarcasmo. Conduce a la actitud defensiva y a la resistencia. A las personas no les gusta que se las controle. Algunos ejemplos de enunciados agresivos podrían ser:

- «Acá nadie mueve un dedo para ayudar».
- «Nuestros hijos no valoran lo que hacemos por ellos».
- «Hazlo porque yo lo digo».

Por el contrario, el lenguaje asertivo transmite franqueza y logra conquistar a las personas ya que les otorga poder. Se trata de un equilibrio entre la pasividad y la agresividad que se basa en el respeto. Permite que expreses tus ideas, sentimientos y creencias en forma auténtica, sin dañar relaciones importantes. Tiene en cuenta el punto de vista de la otra persona y suele conducir a la cooperación más que a una actitud defensiva. A continuación se describen unos consejos para desarrollar buenas habilidades asertivas:

1. Usa detalles específicos y no generalidades.
2. Señala actitudes en lugar de motivos.
3. Mantente objetivo y no seas sentencioso.
4. Ve directo al grano.
5. Habla con la persona indicada.

1) USA DETALLES ESPECÍFICOS Y NO GENERALIDADES

- «Simplemente no me sentí bien con la presentación».
- «Algo en tu forma de comunicarte me molesta realmente».
- «No puedo explicar lo que quiero decir. Simplemente no me gusta».

¿Alguna vez estuviste con alguien que se comunicaba mediante este tipo de generalidades y no tuviste idea de qué estaba diciendo? Las personas comprenden mejor si les damos detalles específicos. Las generalidades suelen hacer que el interlocutor se ponga a la defensiva y se cierre. Los detalles específicos brindan un terreno equitativo para que los demás reciban el mensaje que intentamos transmitir. Cuando encares a una persona por un problema en particular, asegúrate de hablarle con claridad acerca de los puntos que sean importantes para solucionar el problema. Habla en función de individuos (no digas: «alguien dijo»), acontecimientos y fechas concretos.

> ## PUNTO SOBRESALIENTE
> Algunas personas dicen más y más sobre menos y menos y terminan sin decir nada.

2) SEÑALA ACTITUDES EN LUGAR DE MOTIVOS

Es muy difícil determinar los motivos que tiene el corazón. Cuando cuestionas los motivos de un individuo, estás atacándolo personalmente. En cambio, habla acerca de un comportamiento específico y de cómo ese comportamiento influyó en la forma en que te sientes con respecto al problema. Los comportamientos son mensurables, mientras que los motivos son subjetivos y pueden malinterpretarse con facilidad.

3) Mantente objetivo y no seas sentencioso

Hay una vieja historia sobre un rey persa que quería enseñarles a sus cuatro hijos a no juzgar nunca de manera precipitada. Entonces le pidió al mayor que viajara a ver un árbol de mango en el invierno; al siguiente le pidió que viajara en la primavera; al tercero, en verano; y al menor en el otoño. Después de que regresara el último hijo de su visita otoñal, el rey los reunió para que describieran lo que habían observado. «Parece un viejo tronco cortado», dijo el mayor. «No», dijo el segundo, «parece encaje verde». La descripción del tercero fue: «Hermoso como una rosa». El menor dijo: «No, su fruto se asemeja a una pera». «Todos están en lo cierto», dijo el rey, «porque cada uno vio el árbol en una temporada diferente».

La lección que tiene esta historia es evidente. Tómate el tiempo para comprender en vez de precipitarte a sacar conclusiones. Interpreta los hechos e intenta entender de qué manera ve el otro lo que estás observando. Mantente objetivo y no seas sentencioso ni crítico. Ten la mente abierta cuando te unas a una conversación y obtendrás la atención y el afecto de aquellos con quienes te comunicas. Muchas veces tratamos de imponer nuestros puntos de vista en vez de tomarnos el tiempo para escuchar verdaderamente al otro. Terminamos «excluyendo a esa persona» y perdiendo posibles oportunidades.

A nadie le gustan los críticos. Nos sentimos atraídos por aquellos a quienes les gustamos y sienten aprecio por nosotros y no por quienes nos juzgan y condenan. Estos últimos solo cierran la puerta de la comunicación.

4) Ve directo al grano

Winston Churchill afirmó: «Si tienes algo importante que decir, no trates de ser sutil o inteligente. Utiliza un martinete. Golpea el punto una vez. Luego vuelve y golpéalo nuevamente. Luego hazlo por tercera vez con un golpe tremendo». En lo que al lenguaje asertivo se refiere, el Primer Ministro estaba en lo cierto. No eludas problemas y confundas a quien te escucha. Ocúpate del verdadero tema central. Tu oyente agradecerá que seas auténtico y directo. Si efectúas una llamada de ventas, ve al grano con discreción. Pocas cosas enfadan tanto como un vendedor que elude su discurso. Un vendedor exitoso será capaz de venderle a un posible cliente con una presentación concisa y directa del producto o servicio.

5) Habla con la persona indicada

Como sabe cualquier persona que pasó tiempo en un jardín, las malas hierbas pueden ser enemigas engañosas. Para deshacerte de una mala hierba, debes quitarla de raíz y no apuntar solo a la superficie de la planta. Lo mismo sucede cuando se trata con personas. A fin de lograr que se «realice el trabajo», debes llegar al contacto apropiado. Esto se traduce en hablarle sobre la cuestión entre manos a la persona indicada. No pierdas tu tiempo —ni el del otro— en hablar con alguien que no puede ofrecerte una solución.

Mientras comienzas a poner en práctica un verdadero lenguaje asertivo, recuerda que es probable que te encuentres con algunos comportamientos agresivos como respuesta. Prepárate para lidiar adecuadamente con los desaires y las actitudes defensivas mediante un buen don de gente. Pero no caigas en la tentación de regresar a una postura pasiva. Te privarás de los beneficios que un lenguaje asertivo aportará a tu situación. El siguiente es un ejemplo de un lenguaje asertivo adecuado: *«Si llegas tarde a nuestras citas, me siento frustrado porque se retrasan todos mis compromisos del resto del día. ¿Te vendría bien si programamos nuestra reunión del lunes para las nueve de la mañana en lugar de las ocho?»*

TEN CONCIENCIA DE TI MISMO

Una de las claves para ser realmente auténtico es verse a uno mismo con exactitud y luego decidirse a mejorar en forma constante. Los demás suelen vernos con ojos distintos a los nuestros. Aprender a recibir una corrección y a hacer cambios es un punto importante para triunfar en la vida. Cuanto más receptivo y auténtico seas, más libertad sentirán las personas para compartir lo que sienten por ti. No te pongas a la defensiva. Estos consejos alentarán a los demás a hacerte mejorar:

1. PERMITE QUE TUS AMIGOS TE DIGAN LA VERDAD

Una vez escuché a alguien decir que si tus enemigos son los primeros en decirte la verdad, no tienes ningún amigo. Permite que tus amigos sean sinceros contigo y no los castigues si lo son. Las personas auténticas son aquellas que no tienen miedo de saber cuándo cometieron un error.

2. No pongas excusas

En la vida, es posible encontrar una excusa para cada error. Alguien dijo lo siguiente: «Una excusa es una mentira llena de razón». Escuché con frecuencia el dicho: «Los perdedores crean excusas; los ganadores crean dinero». Haz un esfuerzo consciente por no inventar excusas cuando alguien te haga una corrección constructiva. Los líderes más importantes de la historia sabían cómo recibir las críticas y, luego, hacer los cambios necesarios. Tu autenticidad se vuelve evidente cuando asumes la responsabilidad por un error en lugar de justificarlo.

3. No culpes a los demás

Responsabilízate de tus actos. Los comunicadores y líderes ineficaces culpan a los demás por sus errores y, debido a eso, nunca parecen encontrar el verdadero éxito en la vida. Las personas que aceptan la responsabilidad y buscan el cambio interno son las que se convierten en grandes líderes.

National Association of Suggestion Systems [Asociación Nacional de Sistemas de Sugerencias], una organización comercial con sede en Chicago y formada por novecientos miembros, informa que se llevaron adelante un cuarto del millón trescientas mil sugerencias que sus compañías miembro les hicieron llegar el año pasado. ¿El resultado? Las firmas pudieron ahorrar más de mil doscientos cincuenta millones de dólares y concedieron ciento veintiocho millones a sus empleados como agradecimiento por sus ideas brillantes.[2]

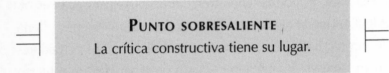

PUNTO SOBRESALIENTE
La crítica constructiva tiene su lugar.

Abraham Lincoln dijo: «Tiene derecho a criticar quien tiene el valor para ayudar». Una cosa es solo encontrar un error. Pero otra cosa completamente diferente es ver problemas con rigor y ofrecer soluciones. Cuando alguien te ofrezca su aporte constructivo, siempre y cuando su deseo sea ayudar de manera genuina, agradece.

UNA ÚLTIMA OBSERVACIÓN ACERCA DE LA CRÍTICA

Mientras te comunicas con quienes te rodean, comprende que, si haces algo significativo con tu vida, se te criticará. A veces, te atacarán personas que solo desean encontrar un error en todo. Cuenta la historia que dos taxidermistas se detuvieron frente a un escaparate en el que se exhibía un búho. De inmediato, comenzaron a criticar la forma en que se lo había preparado: los ojos no eran naturales, las alas no guardaban proporción con la cabeza, las plumas no estaban prolijas y las patas no parecían reales. Cuando terminaron con sus críticas, el viejo búho giró la cabeza y les guiñó un ojo.

Es importante saber en qué momento debemos ignorar las críticas y concentrarnos en nuestro objetivo. El gran presidente estadounidense Theodore Roosevelt hizo este comentario durante un discurso en París, en 1910:

No importan las críticas; ni aquellos que muestran las carencias de los hombres, o en qué ocasiones aquellos que hicieron algo podrían haberlo hecho mejor. El reconocimiento pertenece a los hombres que se encuentran en la arena, con los rostros manchados de polvo, sudor y sangre; aquellos que perseveran con valentía; aquellos que yerran, que dan un traspié tras otro, ya que no hay ninguna victoria sin tropiezo, esfuerzo sin error ni defecto. Aquellos que realmente se empeñan en lograr su cometido; quienes conocen el entusiasmo, la devoción; aquellos que se entregan a una noble causa; quienes en el mejor de los casos encuentran al final el triunfo inherente al logro grandioso; y que en el peor de los casos, si fracasan, al menos caerán con la frente bien en alto, de manera que su lugar jamás estará entre aquellas almas que, frías y tímidas, no conocen ni victoria ni fracaso.[3]

Nunca permitas que las opiniones ajenas te distraigan de lo que sabes que se supone que debes hacer. Nunca permitas que las críticas te aparten del grandioso rumbo que decidiste seguir. Considéralas, pero nunca vivas de acuerdo a ellas.

> **PUNTO SOBRESALIENTE**
> Cuando asomas la cabeza por sobre la
> multitud, puedes esperar que te arrojen
> algunos tomates en tu camino.
> —JEAN PAUL GETTY

Como estudiante de la escuela de comunicación, deberás desarrollar una buena habilidad en el arte de la autenticidad. Uno de los más grandes desafíos para lograr una comunicación genuina es la *manipulación*. Esta trata del uso de una situación o persona para obtener inescrupulosamente una ventaja. Es tener un orden del día oculto. El hecho de que sea «oculto» significa que contiene una falta de autenticidad. A menudo, las personas llevan adelante juegos para obtener lo que desean en vez de comunicarse de manera franca y sincera.

Algunos de estos juegos son:

I. EL JUEGO DE LA MENTIRA

El juego de la mentira se usa para convencer a la otra persona a adoptar tu opinión. Se puede jugar de dos maneras: por omisión o por comisión. Por comisión es cuando se miente con determinación o intención a fin de lograr un resultado personal. Por omisión es cuando no se revela información que se supone contraria. El juego de la mentira se utiliza para manipular a la otra persona con el fin de que crea algo que es cierto o no y así obtener el «dominio». En este caso es imposible que perduren relaciones genuinas. Este es un ejemplo:

—Mary, ¿por qué no juegas más al golf con Jane? —preguntó un amigo.

—¿Jugarías con alguien que patea la pelota cuando no lo miras? —preguntó Mary.

—Creo que no —admitió el amigo.

—¿Quisieras jugar con alguien que miente en cuanto a su marcador? —continuó Mary.

—No, seguramente no —estuvo de acuerdo el amigo.

—Jane tampoco —contestó Mary.

Nadie quiere involucrarse en el juego de la mentira.

2. EL JUEGO DEL ENFADO

El juego del enfado usa una emoción negativa para manipular una situación. Espera suscitar la reacción: «Puedes tener lo que deseas, con tal de que no te enfades». El juego del enfado hace que los demás sientan que deben «caminar sobre cáscaras de huevo». En este enfoque no puede existir autenticidad para tratar el problema.

3. EL JUEGO DE LAS LÁGRIMAS

Nada logra terminar con la comunicación franca como las lágrimas. ¿Cuántas veces viste a un padre sucumbir ante las lágrimas de su hijo? ¿Con qué frecuencia los amantes reparan el daño en cuanto aparece el llanto? Por cierto que las lágrimas son indicadores de tiempos de gran dolor. Lamentablemente, a veces se las utiliza para manipular una situación en beneficio del llorón. Las lágrimas genuinas son un regalo. Pero la emoción y el llanto fingidos son armas poco saludables.

4. EL JUEGO DE LA CARTA DIVINA

A veces escuchamos que una persona asegura que Dios le dice que haga algo. Usar la carta de Dios es como practicar con Él el juego de la culpa. Aunque la orientación divina sin duda es importante y, muchas veces, primordial para tomar una buena decisión, usar a Dios para sacar ventaja de una situación no es correcto. Poner palabras en boca de Dios es un ardid desleal en la comunicación auténtica.

5. EL JUEGO DE LOS ROLES

Tanto la posición como la autoridad son herramientas poderosas en la comunicación. Y deben serlo. Cuando habla el líder, las personas escuchan. En el ejército estadounidense, cuando alguien que posee un rango superior da una orden, esta se sigue al pie de la letra y no se cuestiona. En un sistema escolar, cuando un maestro asigna una tarea, el estudiante suele completarla. Siempre tenemos que esforzarnos para obedecer y cumplir con las autoridades con las que nos encontramos durante nuestra vida. No obstante, nunca debemos hacer uso de nuestras posiciones o autoridad para manipular una situación a nuestro favor. Cuanto mayor sea el poder, mayor será la responsabilidad de proteger a quienes servimos. Usa la autoridad con sabiduría y autenticidad y no manipules ni juegues con el poder que te han otorgado.

Una de las habilidades principales que necesitarás dominar para convertirte en un gran comunicador es el arte de la autenticidad. Sé que no es fácil. Debes ser real y estar dispuesto a decir la verdad. Pero, a largo plazo, serás más feliz y productivo en tus relaciones. Si eres genuino en tus vínculos, los demás creerán en lo que dices, en especial cuando los alientes

EL ARTE DEL ESTÍMULO

Quienes impulsan el mundo para que siga arriba
y adelante son quienes más alientan en lugar de
criticar.[1]

—Elizabeth Harrison

Estímulo: Si falta, las personas suelen sentirse perdidas en el lodo de la vida. Sin él, las compañías avanzan con dificultad y apenas tienen una mínima rentabilidad como para sobrevivir. Es el catalizador para el éxito, el motor de la motivación y el combustible que prepara a los grandes líderes. El estímulo tiene un poder dinámico. Puede tratarse de una palabra inspiradora, un elogio acertado o un cumplido certero. Una palabra positiva tiene algo que transmite una oleada de energía. Casi todos los líderes reconocidos podrían mirar hacia atrás y señalar a una persona trascendental que, con una palabra de aliento, los ayudó a hacer realidad su sueño.

Adúlame y es probable que no te crea. Critícame y
puede que no me agrades. Ignórame y tal vez no te
perdone. Aliéntame y no te olvidaré.

—William Arthur Ford

El entrenador de baloncesto de la Universidad de California, Los Ángeles (UCLA), John Wooden, les pidió a los jugadores que anotaran un tanto que sonrieran, guiñaran un ojo o saludaran con la cabeza al compañero que le hiciera un buen pase. «¿Y si no me está mirando?», preguntó un miembro del equipo. Wooden le respondió: «Te aseguro que te mirará». Es cierto. Todos apreciamos y buscamos el estímulo. Aprende a convertirte en el tipo de líder que lo da con regularidad y sinceridad.

Cuando nos tomamos el tiempo para estimular y conferir poder a las personas en lo que estén haciendo, terminamos trabando amistades de por vida. Piensa en tu propia existencia. Quienes te permitieron desarrollar tus grandes potenciales probablemente sean aquellos por quienes aún sientas una gran estima. Mientras sigues transitando tu aventura en el arte de la comunicación, ya puedes agregar el poder increíble del estímulo a tu caja de herramientas. El médico George Adams descubrió que el estímulo es tan importante, no solo para el éxito de los individuos sino para su bienestar, que suele denominarlo el «oxígeno del alma».

> **PUNTO SOBRESALIENTE**
> Los hijos están ávidos de la aprobación
> y el elogio de sus padres.

En una encuesta, se pidió a algunas madres que controlaran el porcentaje de veces que hacían comentarios negativos a sus hijos en comparación con sus opiniones positivas. Reconocieron que los criticaban el noventa por ciento del tiempo. De acuerdo con una encuesta que duró tres años y se realizó en las escuelas de una ciudad, los maestros hicieron comentarios negativos el setenta y cinco por ciento del tiempo. El estudio demostró que se necesitaban cuatro comentarios positivos para contrarrestar los efectos de uno negativo dicho a un niño.[2] Estas estadísticas transmiten con claridad el poder que tiene un comentario negativo.

Elogiar a tu hijo por hacer un buen trabajo es una gran forma de asegurar que la próxima vez lo haga aun mejor. Los hijos están ávidos de la aprobación y el elogio de sus padres. Elogia con frecuencia y hazlo de corazón.

Es probable que el elogio sea la forma para motivar empleados más económica que exista y, además, una de las mejores. En algunas encuestas recientes, los empleados opinaron de manera casi unánime que la mayor motivación que podían recibir era el reconocimiento por un trabajo bien hecho. El elogio significa una recompensa por el esfuerzo para el trabajador y aumenta las posibilidades de que realice una labor de calidad en el futuro.

Se ha demostrado que el elogio y el estímulo en el lugar de trabajo logran:

- reafirmar una cultura organizacional positiva.
- sustentar los objetivos corporativos y elevar la moral.
- retener a quienes se desempeñan mejor.
- aumentar el gozo general en el trabajo.

De la misma manera, la falta de elogio en el trabajo suele acarrear una moral negativa. Las personas no desean trabajar para líderes que no valoran el esfuerzo. Por lo general, quienes permanecen en un ambiente laboral negativo tienen un menor compromiso con la organización y eso se refleja en la productividad.

A continuación, se detallan algunas pautas para ofrecer elogios:

1. ALIENTA A LOS DEMÁS CON UN PROPÓSITO

Consolida en ti las razones para elogiar a un empleado o un miembro de tu familia. Recuerda que el propósito fundamental del elogio es elevar la moral y la imagen propia de ese individuo, ayudarlo a ser todo lo que es capaz de ser. La intención no es atraer a todos para que tú les agrades. No lo uses solo para manipular una situación a tu favor. El elogio siempre debe hacerse en beneficio de quien lo recibe. Como consecuencia, te enriquecerás con una mayor productividad o un hogar más feliz.

2. ENFOCA TU ELOGIO

Cuando elogies a un empleado, un compañero de trabajo o un miembro de tu familia, haz referencia a logros específicos. En vez de decir: «Eres un gran empleado», remítete a un comportamiento en particular que hayas encontrado muy especial.

3. ELOGIA EN PÚBLICO

Si no la avergüenza, halaga a una empleada frente a sus compañeros. Eso servirá para elevar la moral general en tu organización. Tanto una breve referencia en una reunión como un aviso en el boletín informativo de la firma o un comentario especial durante la cena son oportunidades grandiosas para hacer un elogio en público. A todos nos gusta que se nos elogie frente a otros.

Thomas J. Watson, fundador de IBM, era famoso por sus actos públicos de reconocimiento. Solía caminar por la oficina con su chequera en mano y regalaba cinco, diez o veinte dólares a las personas que veía que hacían un buen trabajo. Le encantaba expresarse en público cuando un empleado trabajaba bien. El dinero era insignificante. Era el reconocimiento lo que importaba. Muchos de los empleados que recibieron un cheque de Watson lo hicieron enmarcar y lo exhibían. La verdadera recompensa era el elogio, no el dinero.

EL ELOGIO EN OPOSICIÓN A LA CONDENA

Dale Carnegie expresó una vez: «¿Por qué no tratamos de cambiar a las personas de la misma manera que lo hacemos con los perros?» Para cambiar a un perro, podemos elegir usar un hueso o un látigo. Si usamos el látigo, es probable que el cambio dure poco tiempo. Pero si usamos un hueso, nos granjearemos la confianza y la lealtad del animal. Sucede lo mismo con las personas. Podemos elegir entre la condena (motivaciones negativas) o el elogio (motivaciones positivas). Si elogias a los demás, obtendrás recompensas mucho más considerables.

Sin embargo, llevar a la práctica el elogio a los demás no es fácil para algunos de nosotros. A Fred Sievert, de la compañía New York Life, siempre le costó hacer cumplidos sinceros a sus empleados hasta que tuvo un jefe que le demostró el poder que tenía el elogio. Después de observar a su nuevo jefe y de emular lo que vio, Sievert admitió: «Es tan simple y aporta un valor increíble. No sé por qué siempre me resistí a detenerme y decir: "Ya sabes que te aprecio de verdad. Gracias por lo que hiciste. Sé que tuviste que trabajar tiempo adicional y, créeme, lo veo"». Sievert continuó de esta manera: «No es necesario que los comentarios causen una gran conmoción».[3] Tómate el tiempo para reconocer un trabajo bien hecho. Esfuérzate para observar las pequeñas cosas de la vida de quienes te rodean y decídete a alentarlos en su camino.

LAS PERSONAS QUE HACEN MÁS DE LA CUENTA

Las personas trabajan por el dinero, pero harán más de la cuenta si obtienen elogios, estímulos o reconocimiento. Recuerdo la historia real de un hombre que abrió la puerta de su casa para recoger el periódico y se sorprendió al ver a un perrito desconocido con el ejemplar en la boca. Encantado con ese «servicio de entrega» inesperado, le dio algo de comida al cachorro. A la mañana siguiente, el hombre se sorprendió aun más al ver el mismo perro frente a su puerta meneando la cola y rodeado por los periódicos de ocho vecinos. Todo lo que el cachorro necesitaba para estar pronto a hacer más de la cuenta era un poco de estímulo. Cuando desarrollas una mentalidad dispuesta a «hacer más de la cuenta», comienzas a diferenciarte del resto y a asegurarte mayores oportunidades de éxito.

HACER CUMPLIDOS

Puedo vivir un año con un buen cumplido.

—MARK TWAIN

Todos ansiamos recibir palabras de aliento. Eso se relaciona con esa necesidad innata de la que hablamos antes, sentirse valorado. Y el cumplido opera de dos maneras. La persona que lo hace se siente bien por haber alentado al otro. Y quien lo recibe se siente atraído por la persona que lo hace. Por lo tanto, se desarrolla un entendimiento mutuo y un vínculo, que conlleva a una comunicación más positiva.

A todos nos gustan los cumplidos. Aumentan nuestra confianza y nos hacemos querer. Si recibo un cumplido por mi corbata, por ejemplo, no me la quitaré por un mes. Si Linda me dice que es *sexy*, ¡la usaría hasta en la cama!

Cuentas con el poder para aumentar la suma total de felicidad que hay en la actualidad en el mundo. ¿Cómo? Con unas pocas palabras sinceras de aprecio a alguien que está solo o desanimado. Tal

*vez mañana no recuerdes las palabras afables que
dijiste hoy, pero el destinatario las valorará durante
toda una vida.*

—DALE CARNEGIE

Un hombre que asistía a un seminario sobre relaciones interpersonales se convenció de su necesidad de mostrar reconocimiento a los demás. Su esposa parecía la persona indicada para empezar. Entonces, en su camino a casa, compró una docena de rosas de tallo largo y una caja de bombones. Sería una verdadera sorpresa; él estaba entusiasmado por comenzar a mostrarle a su esposa cuánto la valoraba.

Al llegar a su casa, caminó hasta la puerta de entrada, tocó el timbre y esperó que su esposa atendiera. Al verlo, su esposa empezó a gritar. «¿Qué sucede, mi amor?», preguntó el marido confundido. «Oh, fue un día terrible», respondió ella. «Primero, Tommy intentó arrojar el pañal por el excusado. Luego el lavaplatos se descompuso. Sally llegó de la escuela con toda la pierna rasguñada, ¡y ahora tú llegas ebrio a casa!»

Antes de crearte la reputación de no hacer cumplidos, decídete a fomentar el hábito de hacer cumplidos genuinos a los demás. En su libro que es un éxito de ventas, *El manager al minuto*, Ken Blanchard se refiere al valor de los «elogios de un minuto». Agradece a alguien por hacer un gran trabajo o por ser una persona estupenda. Contribuirá en gran medida a promover relaciones duraderas.

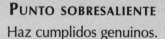

PUNTO SOBRESALIENTE
Haz cumplidos genuinos.

Steven Covey, en su libro *Los 7 hábitos de la gente altamente efectiva*, habla acerca de desarrollar una cuenta bancaria emocional de relaciones. La idea es esforzarse por mantener un saldo positivo en las cuentas de las personas con las que nos comunicamos con regularidad. Tanto un cumplido auténtico como una palabra afable o un elogio de un minuto son «depósitos» positivos en la cuenta bancaria emocional. Las críticas, los desaires y las acusaciones son «retiros» efectuados en esa cuenta. Sé auténtico pero no seas negativo. Un aporte positivo no es lo mismo que una crítica.

Según una encuesta, el mayor cumplido que reciben los empleados es escuchar solamente acerca de aquello que hacen mal. Nunca obtienen palabras de aliento y elogio respecto de lo que hacen bien.

En el matrimonio, los cónyuges deben aprobarse y alentarse mutuamente. La esposa será el factor más significativo que determinará si el esposo tendrá una buena imagen propia y viceversa.

Cuando dejo el estrado, al finalizar un discurso, la primera persona que busco es Linda. Siempre fue lo suficientemente inteligente como para decirme cuán bien lo hice cuando muchas veces sé que no es así. Me dice todo el tiempo que soy un gran marido y yo la elogio a cada instante por ser una esposa tan maravillosa. Somos nuestros mejores admiradores y sostenes. Y así es como debe ser.

EL PODER DE LA ESPERANZA

Todos los gerentes o líderes pueden indicarte qué valor tiene infundir la esperanza, el deseo vehemente y un punto de vista positivo a un grupo. Una de las responsabilidades sagradas que tiene un buen comunicador es infundir la esperanza a las personas que lo rodean. La comunicación positiva (discurso, ideas y acciones) es un elemento fundamental en el arte de la comunicación. Cuando influyas o te comuniques con quienes te rodean, usa un discurso optimista a fin de estimular y no desalentar. Construye la confianza en lugar del recelo. Forja la seguridad en vez de la desesperanza. En tu interior tienes una chispa de optimismo que Dios te otorgó y eres responsable de difundirla a una sociedad que suele sentirse desesperanzada. El escritor y orador motivacional John Maxwell dice: «Si tienen esperanza, las personas continuarán trabajando, esforzándose e intentando. La esperanza eleva la moral. Mejora la autoestima. Infunde un nuevo vigor a las personas. Aumenta sus expectativas».

Los grandes líderes siempre comprendieron el poder del optimismo en oposición a la desesperanza. Winston Churchill solía emitir mensajes extraordinarios de esperanza y optimismo en las emisoras de radio de Londres durante los peores momentos del bombardeo nazi. Los ingleses sentían que tenían el poder gracias a sus palabras de aliento y, por medio de esas palabras inspiradoras, fueron capaces de superar obstáculos increíbles. Te desafío a usar el arte del estímulo para elevar el espíritu de las personas a fin de que desarrollen todo su potencial.

CAPÍTULO NUEVE

EL ARTE DE LA RESOLUCIÓN DE PROBLEMAS

No hagas hincapié en lo que salió mal. Al contrario,
concéntrate en tu próximo paso. Utiliza tus energías
para avanzar en busca de la respuesta.

—DENIS WAITLEY

El trabajo de American Arbitration Association [Asociación Estadounidense de Arbitraje] aumentó de manera considerable en el último tiempo. Los contratos de arrendamiento se alargan. Los acuerdos prenupciales son moneda corriente. El índice de divorcios en Estados Unidos está en constante aumento. Es más, las cada vez más numerosas parejas divorciadas de Albuquerque, Nuevo México, cuentan con un nuevo servicio que las asiste. La compañía se llama Freedom Rings: Jewelry for the Divorced.[4] Después de pagar un arancel, cada cliente participa de una ceremonia con champán y música en la que se destruyen los anillos de boda. El hecho de que cada vez más mujeres conviertan sus anillos de boda en pendientes y que los hombres los hagan marcadores de pelotas de golf es un triste comentario sobre la incapacidad que tienen las personas para comunicarse de manera eficaz y resolver problemas.

PUNTO SOBRESALIENTE
La ausencia de dotes comunicativas
es la razón primordial de discordia conyugal.

Los consejeros matrimoniales afirman que los dos motivos principales de divorcio son los problemas económicos y los de comunicación. Esto es cierto, pero solo a medias. Si las personas desarrollan bien sus dotes comunicativas y la habilidad para resolver conflictos, serán capaces de solucionar tanto las dificultades económicas como cualquier otro inconveniente que pueda provocar conflicto. En verdad, todo se reduce al arte de la resolución de problemas.

No existen dos personas que estén de acuerdo en todo. Siempre habrá diferencias de opinión; así es la naturaleza humana. Cada uno verá los problemas de acuerdo con su personalidad única y sus experiencias pasadas individuales. La clave para una comunicación —que resuelva problemas— eficaz es *tratar* un tema de posible desacuerdo antes de que se convierta en un conflicto. Podemos decir que esto es emplear «medicina preventiva» con los problemas.

Lamentablemente, muchos hemos usado medios destructivos para ocuparnos de posibles desacuerdos al imitar a otras personas que observamos. Con esto en mente, primero haremos una lista de métodos de resolución de conflictos que *no* funcionan para que puedas evitarlos:

- la evasión
- el tratamiento silencioso
- el acoso tortuoso
- los ultimátum
- el juego de la culpa
- los juegos de poder

La evasión

Hay momentos en que la práctica de la evasión es beneficiosa para mantener relaciones saludables y armoniosas. Cuando alguien con quien hablas, ya sea solo o en grupo, distorsiona un hecho, evita corregirlo a menos que sea necesario. Reflexiona así: «¿Hará su tergiversación alguna diferencia en cinco años?» Si siempre discutes cada punto de una conversación, eso *podría* marcar la diferencia en cinco años. Habrás cultivado relaciones distantes y llenas de tensión. Especialízate en lo importante. Evita expresar desaprobación y disconformidad respecto de temas que no revisten mayor envergadura.

Por desdicha, la otra cara de la moneda es que muchos individuos evitan tratar temas que *sí* importan. Se sienten nerviosos ante la posibilidad de ofender al otro y de hacerlo sentirse mal con ellos. Este es un uso destructivo de la evasión. El problema no desaparece solo porque no se lo trate. En algún punto, vuelve a aparecer y, por lo general, de manera explosiva y perjudicial. Aprende a tratar los temas que son vitales. Más adelante, en este capítulo, te brindaremos las herramientas necesarias para adquirir esta habilidad.

El tratamiento silencioso

Como ya mencioné, algunos individuos evitan hablar sobre un problema que es potencialmente volátil. Otros no solo se niegan a hablar sobre un tema en particular, sino que sencillamente cortan toda comunicación con la persona involucrada. Esto no solo daña una relación, sino que la finiquita. El tratamiento silencioso también puede utilizarse para castigar a otro por discrepar con uno. En esencia, este «chantaje afectivo» es muy infantil y destructivo. El silencio nunca logra nada salvo asegurar que el problema en cuestión no tiene posibilidades de resolverse.

EL ACOSO TORTUOSO

El mejor ejemplo de esto son los hijos con sus madres. «¿Por qué no puedo ir a la casa de Susie? ¡Pero si quiero ir! ¡Por favor, déjame ir! ¡Debería poder ir a lo de Susie!» Y así sucesivamente. El hijo y la madre están en conflicto, y la estrategia del niño es agotar a su madre. Los adultos han aprendido este mismo juego destructivo. Es manipulador y daña relaciones de afecto. Si alguien sucumbe a dichas quejas y cede, lo hace con resentimiento. Si no cede, el acosador se enfada. Es una situación sin salida y una forma enfermiza de resolver los conflictos.

LOS ULTIMÁTUM

«¡Te doy tiempo hasta el jueves para que hagas lo que quiero. Si no lo haces, te arrepentirás!» Los ultimátum son enardecedores y suelen provocar una reacción de «lucha o huida». A nadie le gustan las amenazas. La comunicación se detiene abruptamente cuando alguien usa esta táctica.

EL JUEGO DE LA CULPA

Existe un dicho que reza: «La mejor defensa es el ataque». Por lo general, cuando una persona se siente amenazada o atacada, arremete con un dedo acusador: «Tú tienes la culpa de que estemos en este lío». «Ellos son los responsables». «Mi madre es la culpable». Es decir, todos los demás tienen la culpa menos esa persona. Esto se denomina «responsabilidad desplazada», y la sociedad se ocupó de capacitarnos bien en este campo. Se nos enseña a presentarnos como víctimas, como si eso nos diera, de alguna manera, una ventaja en un desacuerdo. Por supuesto que el juego de la culpa es un método de resolución de problemas deshonesto e ineficaz.

LOS JUEGOS DE PODER

Uno de mis socios me llamó por teléfono y me dijo que acababa de discutir con su esposa. Me explicó que se sentía tan alterado que quitó la batería del auto de ella para que no pudiera conducir a ningún lado. Esta anécdota es el ejemplo perfecto de un juego de poder. El juego del poder dice: «Si no me das lo que quiero, no te daré lo que quieres». En el matrimonio, a menudo los hombres usan el dinero como arma de poder y las mujeres utilizan el sexo. Los juegos de poder no solucionan nada y solo exacerban los problemas.

EL ARTE DE LA CONFRONTACIÓN

La mejor manera de tratar problemas que puedan ocasionar posibles desacuerdos es, entonces, *ocuparse* de ellos. Esto es lo que denomino el «arte de la confrontación». La razón por la que lo calificamos de «arte» es porque incluye una habilidad. Utilizas técnicas no abrasivas cuando hablas con franqueza acerca de temas con los que podrías discrepar. A fin de lograr la habilidad para hablar de los problemas, es bueno que ambos se pongan de acuerdo en algunos principios fundamentales que aceitarán los engranajes de la discusión.

PUNTO SOBRESALIENTE
Confronta los problemas de manera habilidosa y no abrasiva.

PRINCIPIO FUNDAMENTAL N° 1

Nada es tan trascendental. Es importante mantener una actitud que transmita la siguiente idea: «Nada es tan trascendental». Solo se trata de «temas» de discusión, nunca de «problemas» por los que se discute. Es posible resolver cualquier tema y todos los temas. Tendemos a minimizar las cosas. Hacemos un grano de arena de una montaña. ¡Nada es tan trascendental!

PRINCIPIO FUNDAMENTAL N° 2

Perdona y olvida. Cuando surgen diferencias de opinión en una discusión, señalar los errores del pasado es inútil e injusto para los participantes. No te conviertas en un historiador, solo ocúpate de los problemas actuales.

PRINCIPIO FUNDAMENTAL Nº 3

Mantén un tono de voz bajo y habla de manera pausada. Es importante que tu tono de voz emocional sea proactivo, no reactivo. Si tu contraparte se inquieta por un tema, esfuérzate por mantener la compostura. Si la otra persona eleva la voz, no reacciones ni te dejes llevar por un estado emocional excesivo. Continúa con tu actitud proactiva y habla con tranquilidad. Eso provocará que el otro baje el nivel de su discurso para igualarlo al tuyo. Si la persona con la que conversas no puede recobrar la calma lo suficiente como para hablar de modo racional, di que te gustaría discutir el asunto en otro momento, cuando puedas conversarlo con tranquilidad.

PRINCIPIO FUNDAMENTAL Nº 4

Despersonaliza todo. «¿Qué quieres decir?» «¡Eso hirió mis sentimientos!» Tales comentarios suelen escucharse en el momento de la discusión. Que a una persona no le gusten tus opiniones no significa que tú no le agrades. E incluso, si no le gustas a alguien, siempre que te sientas seguro de tu postura, no es tu problema.

Eso me lo enseñaron mis padres hace mucho tiempo. Cuando volvía de la escuela primaria quejándome de cómo me trataba el matón del colegio, me explicaban que ese enfado no estaba dirigido a mí. «Probablemente sea una persona muy infeliz. Tal vez sus padres lo maltrataban. En vez de molestarte con él, deberías orar y pedir que tenga una vida más feliz».

Despersonaliza todo.

PRINCIPIO FUNDAMENTAL N° 5

Toda historia tiene dos versiones. Siempre que discrepes con alguien recuerda que, aunque tu opinión sea firme, se basa en información incompleta. Toda historia tiene siempre dos versiones y es probable que no conozcas todos los datos. Seguramente, no ves todas las perspectivas ya que siempre hay muchas maneras de evaluar los hechos.

PRINCIPIO FUNDAMENTAL N° 6

Pide disculpas. Aunque creas que tenías razón y que el otro estuvo errado en una discusión, sin duda puedes decir en forma sincera: «Perdón si te ofendí. Nunca fue mi intención. Nuestra relación es muy importante para mí. Espero que puedas perdonarme». Eso representará un alivio para el ego de la otra persona y le hará saber que la consideras importante. Tal vez no estés de acuerdo con ella, pero sí la estimas.

PRINCIPIO FUNDAMENTAL N° 7

Nunca discutas temas de posible conflicto por teléfono. Como ya mencionamos en capítulos anteriores, tu comunicación no verbal puede ser igual de importante —o tal vez más— que las palabras que pronuncies. Muchos de nosotros hemos dejado el teléfono después de una discusión y pensado: *No salió de la manera en que lo pensé.* Lamentablemente, ya no estás al teléfono y te sientes imposibilitado de reparar los malos sentimientos y las fallas en la comunicación que pueden haberse dado. Si el enfrentamiento se debe a un tema controvertido, es importante tratarlo frente a frente.

PRINCIPIO FUNDAMENTAL N° 8

Nunca hables de nada importante si estás cansado. Muchos de los matrimonios descubrimos que nuestras peores discusiones ocurren a última hora de la noche. Cuando estás cansado, ves todo de otro modo, de una manera más distorsionada. Si estás descansado, los pájaros gorjean, el sol brilla y todo se ve con una luz más positiva. Si ambas partes están cansadas, acuerda posponer la discusión hasta que se encuentre un mejor momento.

¿QUÉ PASA SI UN CONFLICTO NO SE LOGRA RESOLVER?

Si dos personas no logran resolver sus diferencias, no significa que el problema sea insalvable, sino que no han trabajado en sus habilidades para resolver problemas y en sus dotes comunicativas. Si este es el caso, incluye a un tercero que pueda oficiar de mediador en la discusión.

PUNTO SOBRESALIENTE
Cuando la comunicación llegue a un punto muerto, busca el consejo de un tercero.

NO TE LO PUEDES LLEVAR A LA TUMBA

Según un dicho conocido: «No te lo puedes llevar a la tumba». Esto significa que no puedes llevarte tu casa, tu barco o tu dinero contigo cuando partas al cielo. Las Escrituras nos dicen, sin embargo, que hay algo que sí puedes llevarte contigo: *¡las relaciones!* Las relaciones pueden ser tu fuente de mayor alegría o tu más profunda congoja. El arte de la resolución de problemas te permitirá desarrollar las relaciones armoniosas y cordiales que serán tu mayor alegría.

CAPÍTULO DIEZ

EL ARTE DE LA PNL

Locura es hacer la misma cosa una y otra vez espe-
rando obtener diferentes resultados.

—ALBERT EINSTEIN

L a programación neurolingüística (PNL) es una ciencia relativamente nueva. Comprende varias técnicas que te ayudarán a comunicarte de manera más eficaz.

El prefijo *neuro* significa «mental». El término *lingüística* se refiere al lenguaje, tanto verbal como no verbal. *Programación* es un vocablo del campo de la computación que se utiliza para mencionar un método recurrente para tratar un problema. Una gran parte de la PNL intenta comprender el poder, el significado y las asociaciones que pueden producir nuestras palabras. Los tres principios fundamentales de la PNL son:

1. el poder de los objetivos
2. la construcción del entendimiento mutuo
3. la comprensión de los sistemas de representación[1]

EL PODER DE LOS OBJETIVOS

Uno de los principios básicos de la PNL es que cuanto más precisos seamos en la definición de nuestros deseos, más posibilidades tendremos de que nuestra mente «programada» cree un medio para satisfacerlos.

Cuando Lia, nuestra hija mayor, tenía doce años, se inscribió en una competencia de atletismo que se llevaría a cabo en toda la ciudad. Una semana antes de la gran carrera, explicó que se sentía muy nerviosa cuando pensaba en la posibilidad de perder. Le sugerí que cerrara los ojos un par de veces al día y visualizara el momento en que rompiera la cinta al cruzar primera la línea de llegada. Unos pocos días antes de la competencia, comentó muy entusiasmada en el desayuno que la noche anterior había soñado que cruzaba la línea de llegada en primer lugar. Varios días después, la vimos con orgullo romper la cinta.

> **PUNTO SOBRESALIENTE**
> Si no sabes hacia dónde te diriges,
> no te gustará el lugar al que llegues.

Cuando entables conversaciones con las personas, es importante que determines los objetivos de tu interacción. ¿Es tu objetivo crear una conexión que haga que se sientan bien contigo? ¿Deseas cerrar una venta? ¿Quisieras convencer a los demás con tu punto de vista? Si eres preciso en tu comprensión de lo que deseas, tus probabilidades de alcanzar esos objetivos al finalizar la charla aumentarán en forma exponencial.

Por supuesto que sucede lo mismo en las otras áreas de tu vida. El quince por ciento de las personas tienen una idea precisa de lo que desean. El tres por ciento escribe estos objetivos. Y quienes están incluidos en este último porcentaje suelen ser quienes los alcanzan.

Ten tus objetivos frente a ti todos los días, ya sea en una lista en el espejo o en una página delante de tu agenda. Cuanto más preciso seas, más posibilidades tendrás de lograr el resultado deseado. Divide tus grandes objetivos en pequeñas tareas diarias.

Punto sobresaliente
¿Cómo te comes un elefante?
Bocado a bocado.

CÓMO FORJAR EL ENTENDIMIENTO MUTUO

El propósito de la PNL es ayudar a las personas a desarrollar la habilidad para comprender los modelos del mundo de los otros y reaccionar ante ellos. Este entendimiento provendrá de la comprensión que logres de sus sistemas de representación, tema que explicaremos en nuestra próxima sección. Pero también proviene de la conciencia que tengas de su lenguaje corporal y su tono de voz.

Punto sobresaliente
Actúa como reflejo de una persona
y esta se sentirá inconscientemente
más conectada contigo.

La buena comunicación implica que les otorgues validez a los sentimientos y las ideas de los demás. Una de las mejores formas de lograrlo es actuar como reflejo del otro. Si una persona habla con ritmo tranquilo y lento, haz lo mismo. Esa persona sentirá un entendimiento mutuo inconsciente sin siquiera comprender el porqué.

Sucede lo mismo con el lenguaje corporal. Si una persona está sentada frente a ti en una posición interesante con las manos extendidas sobre la mesa, intenta sentarte de la misma forma. Si está sentada con las manos sobre el regazo, haz lo mismo con las tuyas. Si luce una gran sonrisa, sonríe. Si arquea las cejas, arquéalas tú también. Mediante la técnica por la que actúas como reflejo, la persona con la que te estás comunicando sentirá que ambos están en sintonía.

LA COMPRENSIÓN DE LOS SISTEMAS DE REPRESENTACIÓN

Las personas utilizan distintos sistemas de representación como la base *fundamental* de sus ideas y sentimientos. Identificar el sistema de representación preferido del otro y comunicarte con él desde esa perspectiva es útil a la hora de crear una conexión. Existen cinco sistemas de representación, aunque los primeros tres son los más utilizados: visual (la vista), auditivo (el oído), kinestésico (el tacto), olfativo (el olfato) y gustativo (el gusto). Estos son algunos ejemplos de cómo funcionan las distintas perspectivas:

Vista: «¿Puedes *ver* lo que quiero decir?»
Oído: «¿*Escuchas* lo que estoy diciendo?»
Tacto: «¿Puedes *captar* a qué me refiero?»

A continuación se brindan tres relatos desde las distintas perspectivas de una pareja que pasea por la playa con su hijo de diez años. Ten presente que el sistema de representación preferido de la esposa es el kinestésico, el del marido es el visual y el del niño es el auditivo.

La esposa recuerda...

Nunca olvidaré el día que pasamos en la playa. Recuerdo el calor del sol mientras nos iluminaba el rostro y nos cubría. Me acuerdo de la arena fina y refrescante que se nos pegaba a los pies cada vez que rozábamos el suelo. No puedo olvidar la fuerza de la mano de mi esposo cuando la extendía para tomar la mía. Me acuerdo del abrazo de mi hijo cuando me rodeó la cintura. Recuerdo cuán segura, cálida y especial me sentí. Nunca olvidaré ese día.

El esposo recuerda...

Nunca olvidaré el día que pasamos en la playa. Me acuerdo del resplandor del sol en el horizonte mientras lentamente comenzaba a ponerse por encima del agua fulgente. Recuerdo los cientos de líneas que las olas habían dejado marcadas en la playa como recordatorio de la marea eterna. No puedo olvidar la belleza repentina de mi esposa cuando sonrió mientras la luz solar se desvanecía. Aún puedo ver la mirada de mi hijo mientras corría para mostrarnos una concha marina digna de un premio. Fue más de lo que mis ojos podían absorber. Nunca olvidaré ese día.

El hijo recuerda...

Nunca olvidaré el día que pasamos en la playa. Recuerdo el sonido de las olas cuando golpeaban suavemente contra la costa. Me acuerdo del grito de las gaviotas mientras volaban en círculo arriba de nosotros, a la espera de una dádiva. Recuerdo escuchar a mi madre y a mi padre riendo y hablando mientras yo chapoteaba tranquilo a sus espaldas y me silbaba a mí mismo. No puedo olvidar los sonidos del océano y, tampoco, el silencio absoluto de la playa. Recuerdo que dije para mis adentros: «Bueno, esto es el paraíso». Y lo era. Nunca olvidaré ese día.

En estos relatos, los tres experimentaron el mismo escenario pero lo vivieron de manera diferente, a través del lente de sus sistemas de representación preferidos. Si aprendes a determinar de qué manera experimentan el mundo quienes te rodean y sinceramente intentas verlo de la misma forma que ellos, te sorprenderá cuán eficaz se tornará tu comunicación.

Todos los principios que enseña la PNL tienen el objetivo de lograr que te relaciones mejor como comunicador. Recuerda que la comunicación no se da solo porque le hables a alguien. Tus palabras deben *recibirse*, y la persona con la que conversas debe ser receptiva.

El mayor problema de la comunicación es hacerse la ilusión de que esta se produce.

—GEORGE BERNARD SHAW

CAPÍTULO ONCE

EL ARTE
DEL DEBATE INTERNO

*Tanto si piensas que puedes, como que no puedes,
estás en lo cierto.*

—Henry Ford

¿Con quién te comunicas más? ¿Con tu esposa? ¿Con tu hijo? ¿Con un compañero de trabajo? No, la persona con la que más tiempo pasas hablando eres tú mismo. A esto se lo denomina «debate interno». Es nuestro coloquio interno, entonces, el que más influye para determinar nuestra imagen propia, nuestra felicidad y, en última instancia, nuestro legado una vez que hayamos finalizado nuestro recorrido aquí en el planeta Tierra.

> **Punto sobresaliente**
> La mente subconsciente usará todos
> sus recursos disponibles para
> materializar lo que cree.

Las Escrituras establecen: «Porque cual es el pensamiento [de un individuo] en su corazón, tal *es* él» (Proverbios 23.7). Si me digo a mí mismo que nunca encontraré la felicidad o que la vida es dura y que «soy una víctima de mi pasado», mi mente subconsciente recibe lo que me digo y se asegura de que cumpla mis expectativas negativas por medio de mis acciones.

PUNTO SOBRESALIENTE
La mente subconsciente acepta todo
lo que piensa la conciencia; tanto
lo bueno como lo malo.

Si, por el contrario, reflexiono: «Mi pasado no define quién soy. Yo determino mi destino con mis decisiones y mis actos. Elijo ser feliz y ganar en el juego de la vida», y entonces mi mente subconsciente se pone a trabajar para llevarme a una vida de realizaciones y victoria.

Parecería entonces que estamos a merced de nuestros pensamientos ya que estos se mueven con libertad en nuestra mente y reaccionan a los estímulos externos. Pero no, se nos ha otorgado la habilidad para elegir lo que pensamos y controlar nuestras reflexiones. Los animales solo cuentan con la habilidad para reaccionar. Cuando un toro mira desde el otro lado del prado y ve una vaca, comienza a correr tras ella con la lengua colgando. Eso es lo que hacen los animales: reaccionan.

Por el contrario, los seres humanos son distintos. Tienen la capacidad para tomar la iniciativa y ser proactivos. Pueden controlar sus pensamientos y emociones. Si hacemos un paralelismo, cuando un hombre ve a una mujer del otro lado del prado, no sale corriendo con la lengua afuera. Se dice a sí mismo: «Estoy casado. Amo a mi esposa. Se supone que no debo correr tras otra mujer con la lengua colgando. Soy capaz de controlar mis pensamientos y emociones, y debo hacerlo».

PUNTO SOBRESALIENTE
Responsabilízate de tus pensamientos
y emociones.

Debemos aprender a responsabilizarnos de nuestros pensamientos, en lugar de permitirles flotar por nuestra mente de manera descontrolada. Como ya afirmamos en un capítulo anterior, vivimos en una sociedad donde impera la responsabilidad desplazada. «No tengo la culpa de haberles disparado a tres personas en un restaurante de comidas rápidas. La culpable es mi madre. Ella me encerró en un clóset durante ocho horas cuando yo tenía cinco años». De lo último que nos responsabilizamos es de nuestros pensamientos y emociones: «¡Es simplemente lo que siento! No puedo perdonarlo. ¡Estoy demasiado disgustado!» Si te responsabilizas de tus pensamientos y emociones, y aceptas que eres un ser humano y no un animal, comenzarás a cambiar tu vocabulario. Dirás: «*Decido* no perdonarlo. *Prefiero* disgustarme». Los pensamientos y las emociones son elecciones que haces cada minuto de tu vida.

PUNTO SOBRESALIENTE
Observa todo el tiempo qué
piensas y sientes.

Necesitamos estar siempre alerta al considerar nuestro debate interno. De vez en cuando, debemos salir de nosotros mismos. Tenemos que observar nuestros patrones de pensamiento. Este es el primer paso para controlar nuestros propios pensamientos y emociones. Es necesario que seamos conscientes de ellos.

PUNTO SOBRESALIENTE
No es posible sentir emociones
sin tener en primer lugar pensamientos
que nos conduzcan a ellas.

Comencemos por controlar nuestras emociones. ¿Alguna vez miraste por la ventanilla de un avión mientras este daba tumbos por las inclemencias climáticas? Es probable que hayas notado que las alas de acero se doblaban de arriba abajo en la turbulencia y seguramente pensaste: «¿Se están doblando las alas de acero hacia arriba y hacia abajo? Se supone que el acero no es flexible. ¡Esas alas podrían partirse!» De repente, eres presa del miedo a morir. Es decir que tus pensamientos te llevan a sentir emociones. Entonces, ¿cómo controlas tus emociones? Las dominas mediante el control de tus pensamientos.

PUNTO SOBRESALIENTE
La mente no puede tener dos
pensamientos a la vez.

Cuando adviertas que afloran pensamientos improductivos a tu mente —pensamientos que te alejan de tus aspiraciones en la vida, como la felicidad, el éxito, etc.—, apártalos por medio de una conversación interna positiva. En el ejemplo del avión cuyas alas se doblaban ante las turbulencias, comienza diciéndote: «Todos los días vuelan miles de aviones con mal tiempo y no tienen problemas. Sus alas también se doblan, pero no se estrellan. Los aviones son más seguros que los autos. Estoy mejor acá que en mi coche».

Como has elegido reemplazar los pensamientos negativos con un coloquio interno positivo y como la mente no puede tener dos pensamientos a la vez, no hay posibilidad de que tengas pensamientos aterradores que te conduzcan a sentir terror.

> *En mi vida atravesé ciertas cosas terribles y algunas sí sucedieron.*
>
> —MARK TWAIN

PUNTO SOBRESALIENTE
Destruye tus patrones de pensamiento negativos. Depende de ti.

Algunas personas se pasan toda su vida con una actitud semejante a la de Snoopy, la querida mascota de la caricatura Charlie Brown.[1] Snoopy se sentaba en la entrada de su caseta con los ojos caídos y se lamentaba de esta manera: «Ayer era perro. Hoy soy perro. Es probable que mañana aún sea perro. *Suspiro.* Hay tan pocas posibilidades de ascenso». Muchas personas, al igual que Snoopy, desarrollaron patrones de pensamiento negativos. Es probable que hayas escuchado la expresión: «Ve las cosas de color de rosa». Debemos decidir ver el mundo de color de rosa. Debemos decidir ver el vaso medio lleno y no medio vacío. Tenemos que decidir vernos a nosotros mismos como personas felices y exitosas en todos los ámbitos de la vida. Estas son decisiones. Cuando medites a solas: *No les importa lo que tengo que decir,* aparta esas reflexiones con: *¡Cuento con ideas admirables que les interesará escuchar!* Como la mente no puede tener dos pensamientos a la vez, comenzarás a sentir que eres una persona valiosa.

PUNTO SOBRESALIENTE
Escribe las afirmaciones positivas que
provienen de tu conversación interna
para poder leerlas en voz alta.

Si estás diciendo: «No puedo pensar en nada positivo que decirme», intenta escribir en un papel enunciados o afirmaciones positivos que puedas leerte en voz alta. Es probable que también desees redactar una declaración de objetivos, un propósito positivo acerca de lo que quieres lograr en la vida. Cuando se deslicen en tu mente pensamientos destructivos de duda y temor, lee de inmediato tu declaración de objetivos y apártalos.

Sobre el fregadero de nuestra cocina tenemos el siguiente cartel: «Sé feliz. Es una decisión». Con regularidad, Linda debe recordar que yo no la hago ni feliz ni infeliz, que nuestros hijos no la hacen ni feliz ni infeliz, que nuestra situación económica no la hace ni feliz ni infeliz. Es ella quien determina si será feliz o infeliz de acuerdo con los pensamientos que elija.

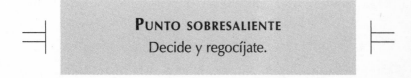

PUNTO SOBRESALIENTE
Decide y regocíjate.

Es una buena idea escribir una lista de todas las cosas por las que estás agradecido. Cuando te empieces a sentir desanimado, después de tener pensamientos desalentadores, lee tu lista de bendiciones. Mantén una «actitud de gratitud» y aleja el abatimiento.

Casi todas las personas son tan felices como se deciden a serlo.

—ABRAHAM LINCOLN

Comprender y aplicar los principios de este capítulo te permitirá experimentar una vida gratificante colmada de alegría y consecución. El arte del debate interno, sobre todos lo demás, es el secreto para lograr el éxito aquí en el planeta Tierra.

Epílogo

La lengua de los sabios sana las heridas.

—Proverbios 12.18, rvc

El mundialmente conocido escritor Dale Carnegie descubrió la enorme necesidad de contar con dotes comunicativas eficaces cuando publicó un aviso en un periódico neoyorquino para promocionar una reunión sobre ese tema. En la noche de la reunión, ingresó al salón de un hotel que desbordaba con dos mil quinientas personas ansiosas. Incluso en medio de la Gran Depresión, estos individuos comprendieron que, para lograr el éxito en los negocios y en la vida, se precisaba de más que el conocimiento adquirido mediante la lectura de libros en la universidad. Se agolparon en ese salón porque estaban ávidos de convertirse en mejores comunicadores. Del mismo modo, tú abriste este libro porque ansías ser un mejor comunicador.

¡Felicitaciones! Finalizaste con éxito este curso sobre el arte de la comunicación. Si pones en práctica las ideas y los principios que descubriste en este libro, comenzarás a observar un cambio drástico en la forma en que interactúas con los demás y en el éxito total de tu vida. El viejo dicho es cierto: «Lo que obtienes está determinado por lo que adquieres». Tomémonos un minuto para repasar lo aprendido.

No olvides: El ingrediente secreto de la receta del éxito de muchas personas excepcionales es que aprendieron a dominar el arte de la comunicación.

El *arte del lenguaje no hablado* es una clave para lograr una comunicación eficaz. Desarrollar una aguda sensibilidad a las señales no verbales de los otros puede hacernos distinguir mucho en nuestras relaciones.

La próxima vez que te acerques al espejo, evoca los principios que aprendiste en el *arte de la apariencia*. Recuerda que la vestimenta siempre comunica algo. No olvides que estar demasiado arreglado siempre es mejor que no estar a la altura de la ocasión. La ropa y la apariencia no te hacen, ¡pero es posible que te protejan de que otro tome una decisión que pueda afectar tu vida!

Si pones en práctica el *arte de valorar a los demás*, te convertirás en un héroe en el trabajo. Pocas cosas lograrán que te granjees el cariño de los demás como la empatía sincera. Si decides observar las situaciones desde la perspectiva de los otros, la eficacia de tus dotes comunicativas te sorprenderá. ¡Una de las mejores maneras de asegurar tu propio éxito en la vida es ayudar a otro a conseguirlo!

Actúa con calma. No dejes solamente que el otro hable, practica la escucha activa. La mayor parte del tiempo, la clave para mantener una conversación irresistible está inmersa en algún punto de las palabras y emociones de la persona con la que estás hablando. Fomenta el *arte de escuchar* para que puedas identificar las necesidades y los sentimientos reales de quienes te rodean, así tus interacciones serán más exitosas.

El *arte de la conversación* se asemeja bastante a la pintura. A medida que logras confianza en la conversación, comenzarás a experimentar con nuevas técnicas, palabras e ideas. Así como para convertirse en un artista talentoso se necesita práctica y tiempo, desarrollar dotes comunicativas eficaces también requiere de práctica y tiempo. Recuerda aplicar los principios que aprendiste en el capítulo 6 y haz que convertirte en un conversador habilidoso sea tu objetivo.

Nada logrará que te ganes el corazón de quienes te rodean como el *arte de la autenticidad*. Las personas ansían conocer tu *verdadero* yo. Arriésgate y deja que otros ingresen en tu mundo. Cuentas con la habilidad y el conocimiento necesarios para ser un excelente comunicador. No tengas miedo de involucrarte con confianza y sinceridad con quienes te rodean.

Recuerda practicar el *arte del estímulo* con tu familia y tus compañeros de trabajo. Si tienes hijos, dedícales hoy un tiempo para motivarlos. Mañana, en el trabajo, destina un momento para hacer cumplidos genuinos a aquellos con los que interactúas. Comienza a usar esta herramienta poderosa con el fin de otorgarles poder a tus relaciones y te beneficiarás.

Todos sabemos que la comunicación no siempre es fácil. En efecto, puede ser muy difícil y, a menudo, frustrante. No te desalientes por los desafíos que te imponen las relaciones. Usa las habilidades que aprendiste en el *arte de la resolución de problemas* y comienza a aplicarlas a tu vida y tus circunstancias. Comienza con las cosas pequeñas. No culpes a los demás. No te quejes. Responsabilízate. Busca resolver los conflictos de manera que resulte beneficioso para ambas partes. Conviértete en una persona capaz de resolver problemas.

El *arte de la PNL* es una ciencia nueva y apasionante que te ayudará a forjar relaciones poderosas. Utiliza las habilidades y las técnicas aprendidas en este capítulo para crear entendimiento con los demás. Sin lugar a dudas, mejorarás tus relaciones y tus dotes comunicativas en general.

¡No te olvides de poner en práctica el *arte del debate interno*! La comunicación eficaz en verdad comienza con la plática más importante que entablarás hoy, la que tendrás contigo mismo. Entender esto te permitirá sentirte mejor contigo y, por consiguiente, disfrutar de relaciones más significativas con quienes te rodean.

Pero tu recorrido recién comienza.

Se dice que un viaje de mil millas empieza con un simple paso. Y el paso más difícil es el primero. En lo que se refiere a la comunicación eficaz, esto no podría ser más cierto. Conocer todos los secretos del éxito que hay en el mundo no significa nada si no estás dispuesto a dar los primeros pasos para ponerlos efectivamente en práctica. Y cuando lo hagas, tus relaciones se volverán más satisfactorias y te sentirás más realizado en tu vida.

Notas

Capítulo uno

1. *Crossroads*, número 7, pp. 15–16.
2. Joe White, *Homemade* (noviembre 1989).
3. Periódico *Daily Mirror* (Londres).
4. Nota del traductor: Párrafo adaptado para mantener los juegos de palabras utilizados en el original en inglés.

Capítulo dos

1. Plutarco, *Vidas de los diez oradores* (¿46 A.C.?–120 A.C.).
2. *Bits and Pieces* (3 marzo 1994): p. 11.
3. Hadden W. Robinson, *Biblical Preaching* (Grand Rapids: Baker, 2001), p. 193 [*La predicación bíblica* (Miami: Unilit, 2001)].
4. William Danforth, *I Dare You* (I Dare You Committee, 1974), p. 38.

Capítulo tres

1. Peggy Post, *Emily Post's Etiquette* (Nueva York: Harper Collins, 1997), p. 698.
2. Michael Broome, *Bosom Buddy*.

Capítulo cuatro

1. *Los 7 hábitos de la gente altamente efectiva* (Madrid: Paidos, 1997), p. 266.
2. *Today in the World* (febrero 1991): p. 10.

Capítulo cinco

1. Clifton Fadiman y Andre Bernard, editores, *Bartlett's Book of Anecdotes* (Nueva York: Little Brown & Company, 2000), p. 465.

Capítulo seis

1. Versión de http://www.misfrases.com/blog/2008/la-diferencia-entre-la-palabra-adecuada-y-la-casi-correcta-es-la-misma-que-entre-el-rayo-y-la-luciernaga.
2. *Bartlett's Book of Anecdotes*, p. 465.
3. Glenn Van Ekeren, *Speaker's Sourcebook II* (Saddle River, NJ: Prentice Hall, 1993), p. 73.
4. Ibid.
5. Ibid., p. 222.

Capítulo siete

1. Revista *American Demographics* (febrero 1992): p. 1.
2. Revista *Management Digest* (septiembre 1989).
3. Discurso de Theodore Roosevelt en La Sorbona, París, 23 abril 1910. Versión de Wikipedia (http://es.wikipedia.org/wiki/The_Man_in_the_Arena).

Capítulo ocho

1. Citado en Sharon Wilkins, *Listo para el kínder* (México: Selector, 2004), p. 139.

2. Institute of Family Relations, revista *Homemade* (diciembre 1986).

3. Dale Carnegie and Associates, *The Leader in You* (Crofton, MD: Poseidon, 1993), p. 129.

4. Nota del traductor: Su traducción al español sería «Anillos de libertad: Joyas para los divorciados».

CAPÍTULO DIEZ

1. Joseph O'Connor y John Seymour, *Introducing NLP* (Wellingborough, UK: Thorsons, 2000).

CAPÍTULO ONCE

1. También conocida en español como *Rabanitos* o *Carlitos*.

ACERCA DEL AUTOR

Durante los últimos veinticinco años, Terry Felber construyó una organización de ventas que cuenta con más de 50,000 personas. Terry dicta charlas frecuentes sobre los principios de la comunicación eficaz a públicos numerosos de todo el mundo, en las que prepara a sus oyentes con técnicas para forjar relaciones más plenas. Él y su esposa, Linda, residen en Colorado y en Florida.

MOTIVATIONAL RESOURCES
PRESENTA...

¿Me explico?
Seminarios y discursos programáticos en inglés

No hay nada como una presentación en vivo,
especialmente cuando el orador es Terry Felber y el
tema es la comunicación. Terry Felber y John Bolin
—excelentes escritores y oradores—, están a disposición
de tu organización para hablar sobre los secretos de la
buena comunicación. Estas sesiones amenas e instructivas
constan de módulos de capacitación que pueden durar
desde treinta minutos hasta un día completo, según la
necesidad de tu negocio.
Comunícate con nosotros al 719-272-8113 para recibir más
información.

Motivational Resources
1880 Office Club Pointe
Suite 1800
Colorado Springs, CO 80920
Teléfono: (719) 272-8113
Fax: (719) 272-8111